担心自己是坏妈妈，你就已经是好妈妈

For the Love

[美] 珍·哈特马克 著

许若茜 译

中华工商联合出版社

图书在版编目（CIP）数据

担心自己是坏妈妈，你就已经是好妈妈 / (美) 珍·哈特马克著；许若茜译.
-- 北京：中华工商联合出版社, 2017.1
书名原文：For the Love:Fighting for Grace in a world of Impossible Standards
ISBN 978-7-5158-1870-2

Ⅰ. ①担… Ⅱ. ①珍… ②许… Ⅲ. ①家庭教育—教育方法 Ⅳ. ①G780

中国版本图书馆CIP数据核字(2016)第308724号

For the Love: Fighting for Grace in a World of Impossible Standards By Jen Hatmaker
This Published by arrangement with Thomas Nelson, a division of HarperCollins Christian
Publishing, Inc. through The Artemis Agency.
Simplified Chinese edition copyright: © 2017 by Beijing Zhengqing Culture and Art Co., LTD.

北京市版权局著作权登记号：图字01-2016-8530

担心自己是坏妈妈，你就已经是好妈妈

For the Love: Fighting for Grace in a world of Impossible Standards

作　　者：	[美]珍·哈特马克
译　　者：	许若茜
特约策划：	杨沁怡　尧俊芳
责任编辑：	于建廷　效慧辉
封面设计：	沐希设计
内文设计：	季　群
责任印制：	迈致红
出版发行：	中华工商联合出版社有限责任公司
印　　刷：	北京画中画印刷有限公司
版　　次：	2017年5月第1版
印　　次：	2017年5月第1次印刷
开　　本：	710mm×1000mm　1/16
字　　数：	170千字
印　　张：	11.75
书　　号：	ISBN 978-7-5158-1870-2
定　　价：	36.00元

服务热线： 010—58301130
销售热线： 010—58302813
地址邮编： 北京市西城区西环广场A座
　　　　　　　19—20层，100044
http： //www.chgslcbs.cn
E-mail： cicap1202@sina.com (营销中心)
E-mail： gslzbs@sina.com （总编室）

工商联版图书
版权所有 盗版必究

凡本社图书出现印装质量问题，
请与印务部联系。
联系电话： 010—58302915

亲爱的，你不用做个满分妈妈

几乎全世界的妈妈，在孩子呱呱坠地前，都认为自己绝对能做个理想中的绝世好妈：温柔，美丽，有足够的耐心和能力，能搞定孩子成长中的各种问题，并且，生活工作样样精通，成为孩子们的模范。

我不想打击任何人的自信心，我只是以我的经验告诉大家，在你奔向那条好妈妈之路的过程中，势必会有无数次这样的经历：

"天啊，我又向我的孩子发火了，我怎么总是这样。"

"我连着三天没有好好做早饭了，孩子们一定很嫌弃我。"

"邻居家的妈妈总是那么漂亮，相比起来我就……"

生活就喜欢搞些恶作剧，那些我们曾经暗自鄙视的反面教材，如今却在自己身上真实上演，而我们预先制定出的所有规范——永远耐心，永远妥贴周到，永远笑脸盈盈——根本就无法做到。

这样的我们，还算得上一位好妈妈吗？

而这也正是这本书想要告诉所有妈妈的：别担心，你每一次感到自己是坏妈妈，恰恰证明你正走在好妈妈的路上。正是因为你够好，才会不断反省自己的不足，正是因为你够好，才会害怕让孩子失望，正是因为你够好，你才会在疲惫到想死的时候，却依然爬起来给孩子们做完饭——尽管他们抱怨并不怎么好吃。你所以为的一切扣分点，其实都在闪着光，照耀出你对孩子的爱。

　　我知道，这个世界对于妈妈们确实苛刻了一些，人们希望看到你时刻完美无瑕的样子，希望你既会手工、又会烹饪、擅长设计、精通收纳、深谙管理、轻松谋划好玩的宝宝派对，顺便还能赚好多好多的钱……正因为妈妈这个身份意义非凡，人们才不断往上附加着所有美好期望，正是因为妈妈们习惯了付出与牺牲，人们才觉得你做什么都理所当然，但是，请你不要相信这样的鬼话！

　　亲爱的妈妈们，我们无需让自己弓弦紧绷，妈妈这个身份，承载的并非应该是完美，事实上，也没有谁能真正完美，我们虽然是妈妈，却也是凡人。我们有着自己的性格，自己的缺点，自己的人生追求和兴趣爱好，我们原本就精彩纷呈，实在不用因为当了妈妈，就强迫自己和别人统一标准。

　　我们需要允许自己有所缺失，需要允许自己犯错，需要允许自己不是各个领域都得满分，就像我们如此允许孩子一样。相信我，当你不再纠结于自己的不足之处时，感觉轻松与愉快的不仅是你，还有你的家人，尤其是你的孩子。孩子们需要模范，但是更需要一个真实的妈妈，和一个允许"做自己"的空间。

妈妈的伟大，从来就不意味着无懈可击，而在于明知自己漏洞百出，却仍努力给予爱，在于我们明知道自己必然有着很多"坏妈妈"的时刻，却仍满心真诚与善意，热爱着这样的生活。

目录

contents

相信我，
你做得往往
比你想象得好

第 1 章

事业家庭全开挂？
别做梦了！

　　我 9 岁的女儿雷米最近爱上了体操。但她才练了两次，就琢磨着什么时候能去参加奥运会，我没法对一个孩子的天马行空和自尊进行指责。但是，每次当我眼看着雷米百爪挠心地纠结着未来是当一名职业体操选手还是一名歌手时，说真的，我可以告诉她无论哪个选项，都漏洞百出吗？

　　不过，体操里也有雷米犯怵的，就是平衡木——到底是哪位大师发明的这项奇葩器材，反正不会是我这个三年级小孩儿的妈。尤其，当我看着训练室里的女儿雄心勃勃的神情和单薄瘦弱的小身板儿，我只想说，别做梦了！但她还是坚持着，晃晃悠悠，从平衡木的这端蹭到了另一端，更确切地说，是连滚带爬。优雅的姿态？算了吧，她的平衡木走得连"平衡"都算不上，以致我忍不住开始想，这样子的她，怎么可能在成为一名奥运选手的同时，还兼顾她的歌唱事业？

别笑，我是认真的，事实上，自从我成为妈妈后，我感到自己每天的生活都像在走平衡木。一直以来，无论在接受采访、录制访谈，或是在收到 e-mail 时，我被问到频率最高（没有之一）的问题就是：

作为一个妈妈，你是如何做到很好地平衡事业、家庭及与社交的关系的？

每一次，我都特别想问上一句：你们说的真的是我吗？

平衡，呵呵，它就是一只独角兽，活在各种传说里。 人人都在谈论它，像拉口号似地把它印在文化衫上，每个妈妈都把它当成目标，小心翼翼分配着有限的精力，只为了在各个方面都表现完美……但要我说，我们全被骗了。

在过去，人们根本不会告诉女性："你要扬名立万，在各种领域追求人生成就"或是"你得给孩子营造一个梦幻般的童年，否则就是失职"。可看看现在，所有人都在告诉我们，必须要做一个全能妈妈，并随时让自己的生活保持完美平衡。于是，我们一边激情满满地想要"改变世界"，一边琢磨着如何打造一个温馨又时尚的家，脑子里还盘算着一日三餐的菜谱，当然，所有菜肴必须是我们亲手烹制，味道必须可口，食材必然新鲜健康；噢，对了，还有那位四仰八叉躺在沙发上玩手机的丈夫，我们必须时刻妖娆性感，以求换得他永远待我们如初恋；别忘了再来一打时间，给我们自己提升充电。

　　我们每个人都想在"妈妈"这根平衡木上得到高分，但实际上……

　　醒醒吧！没有人能做到这些，永远，不可能平衡它们！

　　相信我，**那些看上去"事业家庭两不误"的女神们，只不过是将她们最擅长的一面，展现在了公众面前。**真相往往是，没有人能有时间和精力把这些事情全部做好，也没有人这么做。

　　然而，社交媒体总是不遗余力，精心包装，试图传达给我们一个信号，那就是我们身边充斥着这些"某方面很擅长"的女人们，她们有的平趟职场，有的厨艺精湛，有的手工特强，有的组织力超凡……在我们看来，这都是些深谙平衡之术的女超人。而我们也无数次，围观了她们如何快速收拾出整洁有爱的家，如何轻松烹制出甜美诱人的糕点，如何精心谋划一场有趣的派对，以及如何完美制订出各式各样的"搞定家务活计划""幸福婚姻十项指南""史上最强职场术"，等等。在她们面前，我们显得慌乱而笨拙，似乎只能一边欣赏着她们的才干，一边疯狂地做着笔记，记下她们一切的智慧，并且暗下决心：我要把这些都做到！统统做到！

我们为什么那么害怕失去平衡？因为我们太怕有哪件事情没有做好，而有负母亲这个身份。我们怕自己事业无成，成为一个庸碌无为的妈妈；我们怕自己不够美丽，让孩子脸上无光；我们怕自己厨艺不精，孩子因此抱怨失望；甚至有时我们维护与丈夫感情的理由，也是为了给孩子做一个好的表率。我们太想成为一名好妈妈了，但结果就是，将自己一次次陷入"我是坏妈妈"的自责中不能自拔。

难道不是吗？亲爱的，想想你们"疯狂"的一天：天不亮就得把孩子们叫醒，一边应付这些小恶魔喋喋不休的问题，一边催促他们洗漱、吃饭，吃完一个个打发他们上学；接着，你要么火急火燎地赶去上班，早点都得带到办公桌上，要么回到家照顾那个还躺在摇篮里、连鼻涕都不会擦的小宝贝；之后处理一堆邮件，参加各种线上线下会议，完成临近截止日期的待办事项；还有这一天当中，你阻止了 44 次熊孩子间的打闹，对他们进行了 293 次说服教育，辅导他们完成了作业，还解决了不知从哪儿冒出来的 100 万件家务活；闲下来的工夫，你给全家准备晚餐，挨个儿给孩子们洗澡、读故事，最后好说歹说总算让意犹未尽的他们按时上床睡觉；而后，处理满世界的垃圾……等你做完所有这些，好不容易可以和老公亲近亲近的时候，呵呵，身体和灵魂总有一个不在线。终于，你崩溃了，脑子里只有一个念头：为什么我什么事情都做不好！

这沮丧的念头苦苦折磨着我们，让我们完全失去理智。

你知道吗，这种念头岂止是不合理，简直就是毁灭性的。因为它，我们再也不能准确评估自己的生活，也丧失了把哪怕是一件事情做好的能力。我们用外界灌输给我们的标准来衡量自己的表现，并且不断地想要突破，却没有一刻冷静下来认清楚，这些所谓标准正在摧毁我们的快乐。不论我们工作得如何努力，也不论我们在某个领域如何擅长，我们都感觉不到满足。我们正在犯两个致命的错误——**把自己一点点耗尽，然后还带着无穷的愧疚。**

很多人也许还会问到："但是，为什么你能做好这些？你是如何做到的？"好吧，现在就让我来澄清一下：**因为我懂得求助啊。**我有经纪人帮我统筹所有事务，我的出版代理帮我打理出版事宜，我的技术顾问帮我处理所有要跟电脑打交道的部分，我的临时管家2小时就能做完我需要花12小时才能完成的家务，我还有保姆帮我做余下的琐事。

看吧，我并没有"做完"全部事情，我或许会因此不符合很多人心中"好妈妈"的定义，但试问谁又能够？不仅我不能，相信你也不能。**没有人能完成所有的事情，也没有人能拥有所有的东西，或者掌控所有，这不是事物该有的样子。**我们只需分辨出哪些事情该做，然后做完它；至于剩下的那些"包袱"就——丢掉吧，或者想办法把它们托付出去。比方说，我喜爱写作，但讨厌和网络打交道，那就请人帮忙；张罗周末出行、睡前活动之类的，对我来说是很棘手的事情（更别说还有

5 个孩子了，上帝啊快来救救我），那我就不张罗。

下厨，然后坐下来好好分享一顿晚餐？这是上天赐予我的爱好，保留。

跟每个来咨询的朋友都喝杯咖啡聊聊？我实在做不到，放弃。

下班后和闺蜜去露天酒吧来上一杯？必须的，保留。

做学校的"家长代表"？我不具备那样的能力，放弃。

就像这样，你可以检视每一件事情，决定哪些该做哪些不做。试着问问自己：你最喜欢做的是什么？你最擅长什么？什么在你生命中最重要？在当下什么是必须保留的？回答这些问题时，不要三心二意，**不要把别人的保留项目放在你自己的"人生清单"上。**我可以连着几天下厨毫不厌烦，但这并不意味着你也必须如此。记住，做你自己就好，因为每一天就只有短短 24 小时。

我们需要的是少摆一些高高在上的架子，多一份明智。

不要让无谓的担心控制住了你，你需要分清哪些事情快要将你耗干，哪些是你所恐惧的，你被迫为哪些错误负责，做哪些事是为了获得认同，哪些你可以出面完成，哪些你必须拱手让人。你可曾为了追求完美而牺牲掉一个相当不错的选择？你可曾不顾一切只为追求不同凡响？你可以继续，然而我知道，你的人生包袱已然太过沉重。

事实上，你可以从人生阶段的角度来用心规划一下你的选择。比方说，你的孩子现在还不到 5 岁，那你就不能像我们一样，每天下午 5 点到晚上 9 点都忙着接专车或拼车的单。毕竟，我的孩子们都在陆续步入中学，而你的孩子还需要爱和陪伴。当他们的小手抓着你的时候，你必然要做此刻最该做的事。当然，或许你要说自己在某方面拥有很擅长的技能，急切地想要施展，但倘若它不适合现在这个阶段，那也只好将它放放。别担心，你会发现，**此刻你所做的大部分决定都可能在 5 年之内，或者在下一年就完全改变，届时说不定你会遇见一场前所未有的惊喜。**但前提是，你得自己下决定。

没有人会为你做选择，也没有人会明白你心中对于"无法成为一名好妈妈"的担忧。人们都是尽可能多地去向你索取——并不是因为他们都是坏人，而是因为他们"以为"这对你而言不过举手之劳。的确，这点小事要是写下来，也不过就是一段话，看起来似乎真的算不上什么，而且说不定你恰好对他们所求之事很在行。然而，他们并不了解你生活的全部，不知道你身为一名妈妈，还有很多其他的负担。**他们以为他们只要了一点点，却不知这儿一点、那儿一点堆积起来，就让你的一天充满累赘。**

好在，大多数人做事都还有分寸，大家的反应也基本符合我的预期。当我说："谢谢你邀请我见证你人生中如此重要的时刻，你真的很棒很棒。但如果我接受你的邀请，就没有时间完成自己先前对家人的承诺，理智告诉我不应如此。所以真心抱歉，并送上我诚挚的祝愿。"每每此时，大家的回应都惊人的宽容。

看吧，你大可以大大方方拒绝，没有人会因此死掉。事实上，**温和的拒绝胜过一切照单全收式的逞强。**聪明的妈妈知道什么该把握，什么该舍弃，知道该如何在她所选择的道路上自信地走下去——没有遗憾，没有歉意，没有负罪感。

这是我们能给自己的全部的自由。我们可以活在当下，活得快乐，抗拒忧虑和烦恼，捍卫自己"生活的平衡木"。事实上，每当我看到一个妈妈这么竭力去做时，都会大受鼓舞，因为如果她可以做到，我也一样。你知道最大的悲哀是什么吗？就是我们这一代人活在各种冲突与内疚中，总是无法看到就在眼前的礼物。它们可能是一间看上去脏乱却充满了欢笑的小屋，可能是一个在喷水管前跑进跑出的 10 岁孩子，可能是一颗不愿被攀比负累的心，还可能是午后的一个小盹儿。然而，我们却再也无法追回这些美好的时光……

所以请记住，**你无法令一个超载的生活保持平衡，这是没有可能的，就如同，你无法成为一个面面俱到的完美妈妈，这也是没有可能的。**但是，如果我们拒绝遵照那些外界强加的标准，如果我们能够摆脱"一次否定满盘皆输"的那种恐惧，如果我们能给生活做减法，把时间更多花在那些美好的、必要的、能够滋养我们的事物上，如果我们对"道不同不相与谋"不再感到愧疚，如果我们对平凡、善意而艰苦的生活更加崇尚，你会发现，生活本来就没有什么"平衡木"，上帝从不会要求我们去"平衡"什么，他一直都在平衡木下面那个巨大的泡沫坑里等着我们呢。

这也正是我要对全天下妈妈们说的话，不要担心自己没能面面俱到，就失去了成为一名好妈妈的资格，孩子需要的不是一位毫无瑕疵的超人母亲，而是一位有着缺点但又不失可爱的妈妈。我们不是因为完美才配得上妈妈的称呼，而是因为，成为了妈妈后，我们才不断成长——和孩子一起，我们发觉着自己更多的精彩面。

　　如果这些生活智慧是一场奥林匹克竞赛，我相信大家都是最有潜力的种子选手。

第 2 章

如果你担心自己是坏妈妈，
那么你很可能是好妈妈

虽然有点牵强，但我喜欢把大多数家庭分为"甜"和"辣"两类。这两类家庭各有长短，但一般来说，一个家庭总是会有某种偏向的。

猜猜我们汉特梅克家是哪一类？

呵呵呵，是"辣"的！在我们家，说话永远都是默认"惊叹号"模式；喜欢开玩笑，开那种很贱很贱的玩笑；还喜欢很大声很大声地吐槽别人；每天的乐趣就是我挖苦你、你嘲讽我，每个人随随便便扯个闲篇都能挖出一大段"被虐史"（但必须要说，我们都乐在其中，也很享受这样的氛围）。温柔？拜托，我们根本不认识这个词！

所以一碰到那种"甜得就像掉进蜜里"的家庭，我就忍不住想吐槽，更想扒点关于他们有燃点的内幕之类的，总之，我用尽办法想要证明这样的家庭非常可笑。但直到某天，我看到两个很有礼貌的小孩儿，一个对另一个说："姐姐，你喜欢最后那块布朗尼蛋糕吗？那我让给你吧。谢谢你之前帮我做了所有的家务。"

就是这段对话，成了一个转折点，我被那种曾经不屑一顾的温馨感震到了，我开始觉得，自己是不是应该正经思考一下家庭氛围这个问题。为此，我和布兰登展开过无数次的讨论：

我：你看，我们是不是该矫正一下咱们家的说话方式啦？温柔点儿？不然再这样下去，这几只熊孩子就无法无天了！你知不知道为什么我们的孩子一个个都这么野蛮粗暴！就因为我们俩总是这么大声嚷嚷！今后不许再这样了。再这样下去，咱俩的孩子都可能敢去杀人了。你瞧瞧他们，个个都在朝街头暴力的方向发展！

布兰登：抱歉，打断一下，咱们这种郊区有街头暴力吗？

我：非常有可能！我们正在走一条错误的路！我们应该让他们学会怎么样才能变得更讨人喜欢！你看，他们竟然连一句赞美人的话都不会说！快想想，有什么办法能扭转这种局面？

或许很多妈妈都有过这样的担心吧，害怕自己给孩子做出了一个错误的示范，害怕自己的孩子处处不如别人，但话说回来，我真心觉得，跟那些总喜欢拿孩子互相比较、或是给自己家孩子强行灌输竞争意识的家庭相比，我们家有再多问题都还不算"灾难性"的。因为那样的家庭氛围，我可能一分钟都忍受不了，谁能忍受前一秒还亲密无间的"布朗尼姐姐"，或许第二天就变成了妹妹口中的"大便汉堡"？！

最近读到这么一句话：没有什么担心能比得过父母的担心。的确，作为爸妈，我们对家里的每一位小成员都得负责。他们的童年过成什么样，完全由我们这些大人一手造就。我们在这个家里什么样子，他们也会模仿着我们成为什么样子，事实上他们会模仿自己看到的每一个人。这就不奇怪为什么这世上所有的妈妈都担心自己的教育方法是不是正确，或者自己做得够不够好。每个妈妈都觉得自己家的问题特别严重，如果继续忽视下去，将会造成不可挽回的灾难。

但亲爱的，听我说，**如果你担心自己是一个坏家长，那么相反，你很可能是一个好家长。**

我知道你可能会很疑惑，一开始我也很犹豫，也在不停地问自己：我是吗？我是一个好妈妈吗？因为讲真的，大部分时候我都觉得自己糟透了。但冷静过后，当我试着去摆脱原先那些疯狂的想法，仔细回想过去我和孩子们之间的对话时，你猜怎么着？我突然发现，原来有时候我居然那么好，也说过那么甜蜜美好的话！说过那么多"我爱你""你好聪明"！会很贴心地用"哇"和"听起来太糟啦"来回应他们讲的事情，还会表扬他们说"你们做得太棒啦"！然而，这么多美好的事情却都被我忽略掉了，我竟然觉得自己和布兰登教育失败，竟然觉得孩子们很可怕，竟然觉得我们家就是一个灾难……

为什么我们总是习惯去夸大自己的失败，而忽略自己的成功？我们总是能很客观地对待另一个妈妈的优点和不足，却唯独对自己充满挑剔。我们往往擅长观察其他爸爸妈妈的优势，却不自觉地削弱自己的力量，我们可以那么轻易地赞扬别人、贬低自己……我想，是时候，我们该反着来一下了。

当一个"温柔妈妈"想象着做一个"辣妈"该多有乐趣的时候（听我说，都！是！假！象！真实情况是，我们大部分时间都在忙着打架），或一个"辣妈"设想"温柔妈妈"是不是拥有世界上全部美好的事情时（其实并没有，她们大多数人也不是什么都一帆风顺），我想说，其实不管你是哪种妈妈，如果你正担心自己是一个不称职的家长，那么你可能反而是一个好家长，因为你懂得反省，关注孩子的身心健康，并且愿意通过改变自己的言行举止来帮助孩子，相信我，这世上不是所有家长都能有这样的觉悟。

只是，我们在急着否定自己的时候，却常常忽略掉了自己的闪光之处。我们有些好的地方是显而易见的，是那些很容易觉察到的东西，譬如表达爱意的语言、时时刻刻的关注、目光接触和赞美。我们为我们的孩子阅读，亲吻他们，给他们鼓励，陪他们参加所有的游戏、演出、比赛和项目，还帮她们编辫子、系丝带，申请参加公益活动……我们做了所有这一切。

这是好的，它们当然是爱。

而同时，还有一些好的地方则不太明显，它会发生在每一个家庭，譬如道歉、解决冲突、简单粗暴的爱、底线、弥补、教训等等。**说白了，每一个做家长的都有问题，每一个孩子也都很神经，每一个家庭都会脱轨。但这并不意味着我们就是不合格的父母，而最多只证明了我们是平凡的。**

相信我，你做得往往比你想象的要好。 自我批评有时候确实会督促自己进步，但它也可能对你说谎，让你对自己有很多错误的判断。所以你可能需要暂时忽略掉自己的意识，多关注自己温柔的一面，关注一段时间，因为我确信那个就是真实的你。如果你的朋友告诉你她过了一个糟糕的母亲节，你肯定会这样安慰她："没关系！你的孩子知道你爱他们就好了，每个人都有失败的时候。养孩子不容易啊。明天又是新的一天……"既然你这么会安慰别人，那么，你同样应该拿这话来安慰你自己。

听着，做妈妈并不意味着生活中只有织毛衣、唱赞歌这些简单又美好的事情。那得活得多真空啊！不可能的，不可能只有美好。还有，**生活中并不是每一刻都那么隆重，也不是每一次与孩子讲话都会涉及他们的自尊那么复杂。**有时候你只是单纯地想让他们别磨蹭了赶紧洗澡去，这没有什么不好意思说的，做个好妈妈有许多条标准，别相信那些别人划定的条条框框。

当然，有时我们确实拿出了"做父母的样子"（这个词出自我妈，她说她和她的朋友们只是把孩子"养大"，而其他那些有"做父母的样子"的人才是真正"养育"了孩子），但我们也会用管理、处罚、干涉、命令、立刻执行等手段粗暴地对待孩子，甚至有时我们只是把生活拖着走就已经够累了。我们这一生要经历很多时刻，不是每一个时刻都有那种"珍贵"的感觉。我们不可能像育儿专家那样么专业地与孩子沟通，而是要一边管教孩子，一边工作，还要操持一大家子人的生活。

当然，总会有些人让我们感到自己在"做妈妈"这方面无地自容，他们或许是旁敲侧击，或许是正面指责，反正总会希望利用我们心中的羞耻感而让我们就范，但请你记住——**羞耻是敌人的伎俩。**如果我们要做它的奴隶，就是在走一条崎岖之路，那里荆棘遍地。如果你的内心总是感到无休止的羞耻，那么是时候回头了。这样你才能喘过气来，才能用你对待别人的善意之心，来客观评价自己是一个怎样的父母。

　　我能告诉你，对于教养孩子，我有什么目标吗？很简单，只要他们的童年大部分是好的就可以了。事实上，当我敢这么说的时候，就已经是巨大的成功了。**如果大部分时候我是耐心的，而他们也是听话的，那就很棒。如果我把他们养育成人，而且他们还能很好地适应社会，那就更完美了。每个人的童年都需要有差劲、无聊、烦恼、乏味的一部分。**听着有点悲伤？很正常啊，生活本来就是这样，这样他们才有东西可以抱怨啊。

　　等他们长大，那些"大部分是好的"的记忆，就会转化为他们的"安全感"。比如我自己，虽然在我初中的时候，我妈还扇了我一耳光，虽然她从没给我买过 levi's 的牛仔裤，虽然她好几次差点把我丢在了商场。那又怎样，"大部分是好的"就够了。只要"大部分是好的"，就会培养出一个健康的孩子，他们会知道自己的价值所在，也知道自己是被爱的，至于其他那些糗事，他们会忘掉，或把它们变成有趣的回忆。

　　事实上，做个好妈妈必须学会的一句口诀就是："你已经做得很好了。"这是对自己说的，而非别人。为人父母本就是一件让人头皮发麻的事儿，在这方面没有人是完美的。当然啦，如果你还是不能冷静客观地审视自己，那就抽一天下午来我家吧，我保证看完我家的情况，你一定会舒服很多的。因为你会亲眼见证，在我五年级的儿子和我顶完嘴之后，我是如何大声训斥他，让他赶！紧！地！拿把铲子到后院，挖个坑把自己埋了！

第3章

必须给孩子一个百分百
愉快的童年？呵呵

我最近跑完了一场超！级！累！的马拉松，它叫"给5个孩子准备开学用品"。呵呵，一想起来我就要热泪盈眶，不想被安慰，只想倒头就睡。你能想象吗？我开车去了十几家商铺！几乎买光了所有能买到的文件夹！还给他们——买了运动鞋、日常穿的鞋、新衣服、新书包、饭盒……别问我花了多少钱，一看到那些账单我就想大哭一场。

啊对，还有！我还参加了"返校会""日程安排会""新生培训营"等大大小小的活动，帮他们填了个人情况登记表、保险文件、志愿者申请表、各种注册单和家长协议等，陪他们去理发、接种疫苗、检查视力、做动员讲话、整理自行车，直到我彻底崩溃。冰箱塞满了，食品储藏室也塞满了，饭卡激活了，课也选好了……**完美，我要累死了！**

不夸张，我需要休整至少一年，才能把上面的程序重来一遍。

好了，亲爱的读者小朋友们（我相信你们大部分人都比我年轻），作为一名 70 后，我可以跟你们聊聊我上学那会儿开学是什么样子的吗？一条新的灯芯绒裤子，妈妈给剪的新刘海（Oh，灾难！）和一些四处搜罗来的旧衣服——就是这样。开学第一天，我坐公共汽车上学，而且，到了学校我还找不到教室（衰！）。但我并不觉得被亏待了，因为那时候，我们没有一个人是妈妈陪着来的。很多和我一样的孩子只带了一个笔记本、一支铅笔和一块三明治就来了，并且，三明治还是装在上学期用过的旧饭盒里。

上下学都要自己搞定，就更别说什么妈妈在学校给我们做

"劳工"了。我不记得我们这代人里有任何一位妈妈这么做过。那个年代，根本没有现在这么多留给父母的"家庭作业"，所谓的手工展示也都看起来很垃圾，因为它们真的就是出自我们自己之手。看看如今的"校园嘉年华""图书展销会""秋季狂欢节"之类的，呵呵，那都是要靠父母帮着策划的啊，而这对当时的我们几乎是奢想，因为我们的父母要工作，他们才没时间过来帮你摆摊。

可现在，时代显然不同了。大部分父母都责任感爆棚，喜欢把一切责任往自己身上揽，喜欢把孩子当成全宇宙的中心，喜欢把给孩子营造一个快乐的轻松愉悦的童年当成第一任务，以致孩子们被惯坏了，渐渐失去了他们仅有的那点自制力。想当年，如果我的老师因为我调皮捣蛋去给我的父母告状，他们一定毫无原则地相信，并且绝不手软地教训我到下次再也不犯为止。但是，这不意味我就支持棍棒教育，我只是想说，年轻的父母们，也许你真的该留心，挂在你女儿脸上的那两滴泪，很可能是装出来的！还有你的儿子，之所以被老师罚留堂，可能真的因为他犯了错，你应该让他赶快去做功课，而不是在这儿继续耍嘴皮子！

在过去，世界可从没有围着我们转过。如果在学校瞎闹，我们是要付出代价的。那个时候的老师，不敢奢望他们能像温柔的仙女一样，在你的头上洒下珍贵的、有魔力的雪花，父母们也从来想不到，自己会在日复一日的"辅导孩子做家庭作业"这件事上把自己整崩溃。

以前我觉得，这个世界上最难的事情大概就是考个博士学位，因为我在学习上从来没有什么天分，而现在，我发现了一件比成为博士还难的事情，那就是当妈！我完全理解为什么现在很多妈妈都要求"不工作"了，因为家里有个上学的孩子就已经非常难搞了啊。我不知道那些至今父母双方还在坚持打卡上班的家庭是如何处理好这一切的。老实说，我只有在家工作，才能安排好所有日程，如果我某天下午6:00才回到家，还有一堆活儿等着我的话，讲真的，我要么原地疯掉，要么窝在角落，一、动、不、动。

真的，必须要说，各位妈妈们，是时候，该放松下我们紧张的神经啦。为什么一定要把三明治切成海豚形状才叫爱心便当呢？谁说的非要给孩子脚上喷柠檬油？！那些莫名其妙被编造出来的所谓"妈妈必须一切为了孩子"的奇葩理论，请！消！失！好！吗！放轻松，亲爱的，**不要把每一件事都想得那**

么严重，也不是每件事听上去都那么煞有介事。

孩子不能总活在我们拼命打造的真空罩里，试着把真实的世界甩给孩子们看看吧。我由衷地期望每一个权威人士或体系，都能照顾到他们的孩子总会有被现实冲击的那一天。上学是为了什么？当然是学习啊。但除了学习，还有什么？或许是面对一个苛刻的老师，或许是被分配到一个自己不喜欢的班级，或许是接受一个令他们万分痛苦的作息表。无论如何，让他们自己去面对、去接受、去适应。**我们不应该一点挫折都不让他们受，因为这就是生活。**学习处理矛盾，有责任地让自己不断进步才是最重要的。一个好的家长，应该让自己的孩子做好准备去走人生之路，而不是为孩子铺就一条人生之路。我们仍然可以继续温柔地、关切地培养孩子，只是不要再让他们在温室里成长了。

当家长们都去要求学校对自己的孩子予以特殊照顾时，当孩子们每次犯错家长们都要去求情时，老师还要怎么教学？孩子每次站在人生的十字路口，做父母的难道只会哭诉吗？我们当然可以站在孩子背后一路支持他们，但如果他们确实很差劲时，恕我直言，他们真正需要的是提高自己。让他们感受一下被惩罚的痛苦，感受一下失去特权的滋味，让失败给他们教训，否则我们就等于阉割了老师的权威，还剥夺了孩子们应有的责任感。

至于"老师"这个角色，讲真的，能不扮演就不扮演了吧，安安静静地在家做好父母多好啊。我们一天之中只有这么几个小时能和孩子们相处，如果还要兼任家教、辅导员、心理咨询师，会不会太苛刻？总之，我只想做个妈妈。我的孩子一天 7 个小时在学校，这几乎相当于一份全职工作了啊，他们不应该再忍受额外 2 个小时的家庭式学校，旁边站着一个分不清是老师还是亲妈的暴躁女人。

我们能不能稍微放慢一些脚步？让老师做老师，让家长当家长，让孩子只是学习。我们的孩子会像我们一样好，会像我们一样明智，甚至比我们还要强。即使遇到挫折又怎样？他们不需要样样优秀，也不需要事事舒服。我们当然会本能地想要保护自己的孩子免受伤害，想要对不公正的事情进行干预。我们养育着他们，爱着他们，但我们也应该让他们体会失败、动摇、忍耐与克服。要知道，我们不仅仅是在养育小男孩和小女孩，而且还是在培养未来的妈妈、爸爸以及社会专业人士，这是一件事关大局的任务，高贵而重要。

所以，现在就开始吧，妈妈们，稍微收收我们的保护伞，不要再把生活的整个重心都放在如何让孩子们得到快乐上，也不要再费尽心思地去创造那些人为的成功。或许这些做法会为孩子带来短期的成功，但却为他们长期的失败埋下了种子。**如果我们的孩子只希望获得祝福而免除义务，那么他们的成长将是可怕的。**我不想成为那样的家长，也不希望自己的孩子将来和一个活在童话世界里的人结婚（这是实话，我可不想给这类人当婆婆或是岳母）。

　　其实仔细想想，为什么每个家长都会不自觉地做出"保护"行为？罪魁祸首无非是恐惧。我们都害怕自己的一时疏忽，影响到了孩子的人生：我们的孩子会不会落后于别人？其他人都有的他们也有了吗？他们得第一了吗（拜托先问下自己，你们得过吗）？如果他们只是资质平平怎么办？他们会受伤吗？等等。

　　但亲爱的妈妈们，很多时候，我们真的大大低估了孩子们的适应能力。**当一个孩子准备努力，准备为自己的错误付出代价，准备改正缺点，并对规则示以尊重时，可能会比那些拥有一切优势、不允许任何挫折存在的孩子进步得更快。**恐惧蒙蔽了我们，让我们以为百分百愉快的童年，才是孩子成长路上的唯一选项，更不是衡量我们是不是好妈妈的唯一标准，我们可不可以抛开它，做勇敢的母亲？

还有孩子们，请你们自己做午餐，自己洗衣服，丢了公交卡你们自己去补办。给你的老师写信道歉，告诉她你很抱歉在课堂上做了胆小鬼，尽管这么做可能会很丢脸，没关系。想要买更多衣服？那就攒钱吧。想要更高的分数？那就努力做功课去争取。别再用手机发短信了，有话直接开口讲。这个课没意思？忍着。想要获得那个等级？好好努力，一次不行再来几次。从"挨打"中接受教训。现在就开始，最好在事态严重之前把问题都扼杀在萌芽状态里。

我敢打赌，我们的孩子比我们想象的更坚强。也许他们并不需要每次都有人帮助，不需要事事都赢。也许通过不断争取、经历失败和坚持不懈，孩子们会像所有人那样正常地长大。他们可能本身就拥有一个能够转动的小齿轮，是我们不知道的，他们可能并不需要像温室里脆弱的花朵一样被百般呵护。

我敢打赌，孩子们会给我们惊喜的。

担心自己是坏妈妈，
你就已经是好妈妈

第4章

现在做总好过以后做，
因为越长大越难

孩子们，今天我要做一件听起来不得了的事，我想来谈谈你们的人生。看着此刻熟睡的你们，我的内心无比柔软。我爱你们。但作为咱们这个家庭，作为你们的妈妈，有很多话和一些做人的道理，我现在就想对你们说。

因为它们很重要，我不想等到你们长大之后才教给你们，也不想等到你们要参加毕业典礼了，或是要婚礼彩排了，或是面临其他的什么"人生重要时刻"，在忙乱的大场面前，你们

30

却一个重要的字都说不出……

是的，目前你们还只是孩子，所以对于爸爸和我是怎么为你们着想的，你们并不会明白那份苦心。我相信在你们眼中，我们就像专横的老板一样，总在对你们提要求，而自己却什么都不干。但总有一天，当你们有了自己的孩子，一定会明白，当年为了帮你们实现梦想，你们的爸爸妈妈也就是我们，曾牺牲掉多少自己的梦想。然而即便如此，你们的未来还是很难去把握，而我们，呵呵，看起来就像战败的黑暗势力，可笑又滑稽。没关系，等着瞧，等你们当了爸爸妈妈，也会像我们一样疯狂的。

好啦，说回来。你们几个目前分别就读着 4 个不同的年级，所以今年是我们大家生活在同一个屋檐下的最后一年，最后一个家庭年，太难以置信了。这些童年时光虽然很多孩子都要经历，但在我和你们爸爸的眼里你们却是那么特殊，回忆将带着我们走很远很远，而我们也知道，对于这段时光，你们日后肯定甚少提及。即便如此，我们仍然希望你们牢记住一件事，家庭年虽然很短暂，但它们却关系到人的一辈子。

加文很快就要离开了，你们剩下的几个，每隔一年，就要离家一个。我和你们的爸爸很清楚，这意味着我们作为父母的影响力在逐年减弱，你们开始学着像个大人一样，自己面对与处理很多问题。但是我亲爱的孩子们，尽管你们越来越长大，越来越独立，但并不意味着我的担心就会变得减弱，恰恰相反，在你们即将展翅高飞的时候，我身为你们的妈妈，内心的忧虑反而越来越多，是的，事实上我紧张得心脏一直堵在嗓子眼。我很怕自己忘记将一些事情告诉你们，害怕你们会在未来的某天埋怨："我的妈妈竟然连这个都没有跟我说，她可真是差劲。"

　　好吧，为了不成为你们口中的坏妈妈（事实上抱怨还是难免的），我现在要跟你们说一些事，很不得了的事，是我用尽半生跌跌撞撞才收获的心得，你们一定要竖起耳朵一字一句地去听，确保你们知道我们真正的期冀（可能会跟你们想的不太一样噢）。是，这些年我们确实喋喋不休地强调，希望你们获得一个好成绩，但荣誉其实并不是我们的主要目的，我们的期望也远非让你们乖乖念书那么简单。

　　咳咳，现在我要严肃地开讲了。首先——

记得要善良，这是最重要的。 你爸爸和我活了半辈子，我们见过了形形色色的人。但至今仍在我们记忆中闪耀的，都是些善良的人。我们深切地希望你们能待人温和，能理解他们的处境与问题，而不是讥讽或嘲弄，毫不夸张地说，同理心是你能否全心全意过生活的关键。**我盼望你们成为一个善良的人远远多过于希望你们成功，因为如果没有前者，后者将是一个悲剧。**

是的，你们现在就要进入最好的练习场去实践这一信念了，那就是学校。在我的记忆中，没有哪段时光比中学时代更加不安和艰难了。你们可能会过得浑浑噩噩，但有些孩子过得更糟，因为他们特殊，他们可能几乎不怎么出门，在人群中总是被拎出来嘲讽，可能被完全忽略，但他们却还在努力表现得完全不在乎的样子。

对于这些人，首先，我希望你能看到他们。这句话听起来容易做起来难，因为这个世界上虽然到处都是悲伤、孤独、不合群、被羞辱的孩子，但他们往往知道如何假装无所谓，如何假装不屑一顾，甚至知道如何把自己变成隐形人。所以，能够看到他们是第一步。你们要学会发现他们，即便他们层层伪装，但你应该知道，他们的内心对于那些嘲笑与欺凌，其实很在乎。讲真的，如果在家里这几年你们可以学会这些，它将改变你们的一生，因为你们培养出了一双发现苦难的眼睛。

我期待，你们能关注到那些受伤害的孩子，并做出善举——这是最简单也最勇敢的举动。可能只需要一句最平常的寒暄，比如"你想和我们一起坐吗"，或是"我真的很喜欢你的衣服"，或是"你怎么啦"，或是"你在读什么呢"。只需要这么一句，就是这么听起来似乎微不足道的一句话，但也许这就是他们一天当中听到的唯一一句话，你或许无法帮他们解决所有难题，但是，你至少可以用语言，给他们以力量。

当然，还有些时候，表达善意需要更大的勇气。因为**受伤的孩子更容易失去原则。**我虽然一直希望你们既不要做一个滥好人，也更希望你们不要变成施虐者或者旁观者，不要眼睁睁看着一个孩子欺负另一个。我希望你们能对此说"不"，我希望你们能对坏孩子大胆说出"离他远一点"！我希望你们能伸出臂弯给受伤害的孩子一个拥抱，希望你们能保护你们的朋友圈，保护、重视你们的朋友们。把他们带回家，带到咱们的桌前，我们一起关爱他们。**即便是最微弱的希望，也足够拯救一**

个快要溺死在孤独中的孩子。你们会看到善良原来这么有力量，不是我夸张，善良真的可以救赎心灵。所以，现在就开始多做善举吧，你的一生都将如此。

我的下一个期冀是，**希望你们有勇气做自己。**你们的爸爸和我都认为你们五个是耀眼夺目的孩子，每个都与众不同。我们爱你们，也不想你们改变分毫，一点也不。我们喜欢你们的小幽默、小怪癖、激情和火热。能有你们这群有趣的孩子，我们死而无憾。说真的，很高兴成为你们的父母。

我们已经四十岁了，所以我们深知对自己真诚的好处。但你们还年轻，对你们来说，"做自己"可能是一个很不稳定的概念。它诱导人们在它面前弯腰低头，让人们去追寻它、伪装它。这我都知道，我也都记得。我从来就厌恶拥挤的人群、喧闹的派对，但我却曾假装自己喜欢这一切。我想被人们所喜欢多过于我想成为真正的自己。我多希望能够回到过去，告诉当时的自己这些根本就不重要，真正的朋友就喜欢真正的我，而他们才是唯一会坚持留在我身边的人。

在你们这个年纪，踩着自己的鼓点行进，的确需要拿出勇气，没有几个孩子愿意尝试。**但你们知道吗，渴望受到欢迎是一个很可怕的目标，因为在追求它的过程中，你将不得不丧失自我。** 如果你因此牺牲掉自己一些很宝贵的部分，这更是一场灾难。请一定记住，不管在任何立场、任何环境，或是任何朋友面前，你都没有必要强迫自己变成那个不是你的人。是的，你不需要表现得更合群、更热情，完全没有必要，你也不用刻意讨好别人。当你想说不的时候，就说不，即使大家都在点头称是；当你想说是的时候，就说是，即使大家都没有这么说。那又怎样，无论如何，我和你们爸爸会一直在你们背后支持你。

加文，你是个有趣的孩子，像我一样喜欢幽默，和你一起看脱口秀是我最爱做的事。既然你喜欢，那就做一个这样的人吧，不要自己贬低自己，尽管很多人说你搞怪，但我们却爱你还来不及。悉尼，你就像一个和善的图书管理员，爱着这个世界，喜爱把东西回收利用。你本身就是一种快乐，如果你丧失掉你身上任何一种这样的品质，我会难过死的。加勒，你就是这样一个对事物很有洞察力、对未来把握清晰、笃定而又有点歇斯底里气质的孩子。你知道你所爱，并且无法忍受不公，所以你爸爸总能看到我用一双饱含爱意的眼睛盯着你。本，你是世界上最宽容、最聪明的孩子。你努力做你喜欢的事，努力去爱，克服了那么多的磨难，却依然如此温和，你太让我骄傲了。我常问自己何德何能，会成为你的妈妈。雷米，你是一颗明亮闪耀的星，有爱，有趣。亲爱的女儿，没有人像你那样喜欢数字、日历、日期，你让平凡的事情也变得有趣。我们也不希望你改变自己身上的任何一点，你就是我们的宝藏。

孩子们，我担心的，不是你们无法适应这个世界，而是你们因为太想融入人群，而弄丢了自己。如果你们能在童年时期就学会做真实的自己，那么未来，你们将会绕过人生中很多次毁灭性"打击"。你们不必等到 20 多岁，当你们需要做出生命中最重要的决定时，才开始重新改造、审视或发现自己是谁。说实话，**生活需要勇气，但现在做总好过以后做，因为越长大越难。**有些人从来没有这样做过，因此他们整个一生都过得很艰难。

做你自己，因为你是最棒的，别担心真实的自己不够闪耀或不够优秀，就如同我总在劝自己别总担心自己在妈妈这个位置上做得不够好。即使你真的不是最出众的那一个又怎样，当你担心自己哪里不好时，就证明你已经很好了，因为你已经明白成长就是要不断完善自己，不断尝试新的可能。当你脑子里有了这个想法后，相信我，你就已经开始变得更好了。

这就是我对你们全部的嘱托。**要善良，做自己。**做到了这两条，其他一切都会各归其位。如果你是一个善良、真诚的人，那么你一定会婚姻幸福、父母健康、生活美满、爱情甜蜜。我们是如此兴奋地盼着看到那一幕，我们相信你们。

好啦，一想到明年，又将会上演有孩子离开家的一幕，我竟一时无法言语。时光总是走得那么快，人们总告诉我说这一刻终将来临，我不愿相信他们，但这一刻还是越来越近了。"家庭年"的日子所剩无几，我难过得几乎快要不能呼吸。（你们的爸爸跟我说你们只是长大了，又不是死掉了，至于这么难过吗。但我跟你们说，如果我想哭！谁都别拦着我！）**你们是我心中全部的快乐，如果我有什么完美的故事可以从头开始书写的话，那就是我们在一起的生活。**你们是我在这个世界上的珍宝，如此珍贵。等我 89 岁的时候，我会回顾一下我的"家庭年"，并说，"我们也曾有过这样美好的时光"。

第5章

孩子，
愿你真正懂得爱与被爱

　　好啦，说完了人生大道理，接下来再和你们说说婚姻，天哪，一说这个话题，我的心又忍不住提到了嗓子眼，因为啊，婚姻真的是个很大很大的命题，所以我在这里不得不短话长说。

　　在你们眼里，结婚成家或许很简单，两个人跑去签个字，宣个誓，就算大功告成，如果哪天忍受不了对方了，那就再去签个字，然后一拍两散——相信我，我16岁的时候也是这么以为的，可如今，我已经在婚姻这条路上走了很久很久，才明白过去那样的想法多么天真。身为你们爱操心的妈妈，我不会反对你们中有人选择不走上这条路，那是你们的自由，但正因你们是我的孩子，也因为我正好有些经验，所以请无论如何，听我说完这些唠唠叨叨。

时至今日，你们的爸爸和我结婚已经20年了。是不是很震惊？毕竟我看起来还蛮年轻的（拜托别撇嘴，给点面子好吗）。好啦好啦，解答一下你们的困惑吧，我19岁就结婚了，没错，就是那个在自己的婚礼上都不能喝酒的年纪。

你们中最大的一个今年已经16岁了，如果三年后他突然跟我宣布订婚，讲真的，我一定毫不手软把他五花大绑反锁在阁楼上，然后告诉他的未婚妻："他去克罗地亚寻找自我去了，真的，对此不幸我感到抱歉，但姑娘，看开点啊，生活总该要朝前看。"很可笑吗？呵呵呵，到时候你们就知道了，我绝对会把绳子绑得比搬家公司还要更结实点。

行了，请收起你们惊恐的表情，我之所以不希望你们太早结婚，不是因为觉得结婚这件事不好，正相反，我觉得这件事情太重要了，所以才会希望你们慎重再慎重，不要因为头脑不清楚而将这么重大的事情搞糟。

我的婚龄已经超过了我单身的年头，而所有这些日子，我都是和同一个男人共同经历的，也就是你们的爸爸。在这漫长岁月里，我不断地学习新东西，虽然用的都是些笨办法。但必须要说，我曾经也是一枚对婚姻有无限遐想的少女。比如，我一度计划要做一个可爱的、小绵羊一样的小媳妇儿，只是无奈我生来一副伶牙俐齿的火热性格，总是忘记如何温柔。而你们的爸爸呢，是对整个宇宙从古至今一切事物都非常有主见的人。**温柔从不曾在我们身上眷顾，我们是在战壕中学会了妥协。**

不过话说回来，不管是早年间靠政府救济的贫困期，还是后来不断的磨合，还是现在作为你们 5 个孩子的妈，一切我都挺过来了。所以，接下来我想要和你们分享的见解，可想而知，来得多么不易。但我仍然想要分享给你们，希望你们能够不用走很多弯路，就成为一个可爱温顺的妻子、或一个体贴温暖的丈夫，好吧，即便不够温柔也没关系，最起码你们要有一颗懂得爱与被爱的心，懂得感情不仅是悦耳的婚礼进行曲，更是在吵闹与争执中慢慢学会互相扶持，并互相包容。

你们两人不擅长做同一件事？这很正常啊

"伴侣最好要有共同爱好"这种话你们大概听过无数遍了，是啊，无数人畅想过两个人一起看球赛或者一起讨论文学的场景，然而，经过多年实践，我和你们的爸爸一致认为，"夫妻趣味相投"并不一定幸福，正相反，"夫妻爱好相差得十万八千里"这样的组合凑在一起，才刚好是一个完整的人。孩子们，记住，你要做的并不是跳一出步调完全一致的集体舞，而是要在婚姻的旋律里，找出你自己的节奏，把它们演绎好就可以了。你有你的专属节奏，他也有他的，为什么一定要他也擅长演奏你的那部分呢？如果再因此生气，那就更没有意义了。你们各自演绎自己的旋律就好，不要为难自己，更不要因为自己的偏好而为难别人。

当然，有时你们也会有重叠，会有些一样的爱好和专长，但你不可能找到一个跟你一模一样的人，什么"寻找世界上另一个你"这种事，根本就不存在！但换个角度想想，你们彼此互补，对方因你而成就一个完整的人，难道不是一件更值得高兴的事吗？在一段感情开始前，我们总会设想出无数和谐的场景，然而现实是，你们能做好自己就不错了（事实上，你也只能做好自己，没办法改变别人）。举个例子来说，在我们家，只要我在，就一定会对做的每一顿饭都非常上心，食材来源可不可靠，是不是有机的，这些问题都不能将就。但只要我不在家，无论出门旅游还是干吗，你们的爸爸会二话不说带你们去吃麦当劳，凑合一顿是一顿。不过他也有他的好处，比如这么多年只要出远门，回来都会给我买一些贴心的、细腻的、正和我心意的礼物，而我，呵呵呵，当然一如既往地抠抠抠。所以未来，你们只要做好属于你的那一半的职责，让你们的另一半做好他（她）的那一半即可。

虽然我们都很坦诚，但有时也需要假装

没错，我说的是"假装"，作为一个妈妈这么教育自己的孩子似乎并不好，但注意，前提是"有时"，并不是说你必须事事如此。打个比方，也许有朝一日，你会对你未来丈夫叨叨了半小时的什么"1971 年产""雪佛兰 SS 型轿车""307 立方

英寸""200 马力 V8 发动机"巴拉巴拉……真的非常感兴趣。但对于满脑子都是"威廉王子、凯特王妃和小小王子"的我，如果对象是你们的爸爸，可能只能勉强把自己的表情调成"看上去很有兴趣"模式。同样，当你们那根本就不懂舞蹈的爸爸，跟我谈论某真人秀里我最喜欢的小鲜肉 dancer 真的"非常有才华"时，说实话，不管他是否出自真心，我都很感激。

这种假装其实并不精湛，因为你们的爸爸很清楚我对汽车并不感冒，而我也心知肚明，偶像明星绝对不是他的菜，可是我们都很愿意为对方捧场，而并非拉下脸来说"你说的是什么，我完全听不懂"这样拆台。

要知道，在婚姻中有个人肯偶尔配合你的趣味，是多么值得感激的一件事。**只因他爱你，才会"假装很感兴趣"的样子。**所以，就不要再打击他啦，也时不时对他的爱好表示一下赞许吧，天知道你们的爸爸有多不容易，才会被我喜欢看舞蹈表演的浪漫情怀所感染。**关心你的爱人所关心的，是一场很大、很大的交易。**你收获的不仅是对方的好心情，也是你下一次口若悬河时，对方的真心配合。

虽然我们都爱假装，但有时也需要坦诚

虽然刚刚我告诉了你们如何假装，但是要记住，礼貌地参与你另一半的兴趣爱好是一回事，保持坦诚则是另外一回事。比如在感情上，我内向，你们的爸爸十分外向，我是被牢牢守护着的一方，而你们的爸爸每一个情绪感受都是公开坦诚的。也正因此，几年前有一次，我心里默默藏了些怨恨，却处处不自觉地表露了出来。整整那一年，我俩都被冰冷的沉默、相互的冷淡和各自内心的埋怨所笼罩。如果说这还不算是"真正的婚姻危机"，那也是极其危险的人际关系问题了。最终有一次，在车里，你们的爸爸打破了僵局，他说："我不知道我们之间到底出了什么问题，但这样下去肯定是不对的，再这样我们都没法儿正常生活了。"显然，我挑起了一场战争，而他却根本不知道这场战争存在的原因，这是非常不公平的。我的怨恨建起了一堵石墙，但沟通令这堵石墙不攻自破。**无意的伤害、愤怒和痛苦，足以破坏最好的婚姻。**所以，要学会对每一个难题、每一次温柔都敞开心扉，因为真正的伤害仅持续一分钟，但沉默却是毁灭的根源，尤其是在你们的感情遇到问题时，沟通比一切都要重要。

找到至少 1 对好友夫妇

当你们成立了一个新的家庭，我希望你们能够至少找到 1 对好友夫妇。我不在乎这个过程中你们要和多少对夫妇结交相识，我只希望你们能一直努力去寻找，直到找到最终那一对为止，实现 2 + 2 = 4。甚至找到两对，那样更好，就变成 2 + 2 + 2 = 6（这个数字可以变得更大，你们自行换算吧）。你或许会对我这条建议感到一头雾水，毕竟感情和婚姻似乎更多的应该是两个人的事，但听我说，拥有至少一对好友夫妇太重要了，重要到我现在几乎无法想象没有他们的生活。当然，我指的不是那种稍微带有强迫性和礼貌性的社交场上的朋友，而是那些可以穿着邋里邋遢的睡裤跑来你家，跟你肆无忌惮开玩笑的朋友，是那些会给你们群发搞笑视频的人，是那些能够制造只属于你们小集体的笑话和回忆的人，是你们一伙男男女女能够一起开车去别的城市过结婚纪念日的人。婚姻是两个人的联盟，而这种友谊，健康、踏实又亲密，是其他一切都比不上的。

不要为了一点小事就大动干戈

有一次，我和你们的爸爸，跟一群朋友玩拼字游戏，忘了说到什么事儿了，你们的爸爸让我很生气，于是我"哗啦"把桌上一掀，拼图们都掉在了地上，整屋子的人顿时鸦雀无声，是的，我成功地毁了整个游戏，也毁了那个夜晚。而今写到这里，我忍不住想笑，或许在你们一路成长的记忆里，我一直就像个爱发怒的怪物？不过，老实讲，这些年，我和你们爸爸发生过的最大一次争吵，就是因为一句话——"在塔后面右转！"其实当时我跟他说这句话时，手一直指的是左边，因为"过了那个塔"只有左边能转弯，右边是块麦地，但我嘴里却一直说着朝右。他快被我气疯了，一下左一下右，后来绕着那个塔我们转了好几圈。当然，你们的爸爸最后爆发了，他一路埋怨我不分左右，然后我们就一整天都没说话。说了这么多窘事，我其实是想给将来要步入婚姻的你们一些忠告，无论你的脾气是有多火爆，也别为了一点小事情就和你们的另一半大动干戈，不值得，真的不值得，尤其像拐错弯这种事，就更无须在意了。

相信我，每个人都有脾气，都有想掀桌的时刻，但是比起随时随地的爆发，一个懂得压抑怒火的人，更加难得。**试着克制自己说出那些刺耳的话，和生气的反驳。**不要对每一件小事都揪住不放，没什么大不了的，真的。**如果你事事都计较，当真正的大问题发生时，你们可能早就精疲力竭了。**另一半总是忘了关橱柜门又有什么大不了的呢？我来关总可以了吧，有什么关系。

你是怎么对待自己朋友的，也请以同样的方式对待自己的枕边人

爱情和友谊当然不是一回事，但是却可以互相借鉴，比如我们是怎么对待自己的好朋友的，也请以同样的方式对待自己的枕边人。作为一个有着 20 年婚龄的妻子，我有时不得不感叹，20 年来我最庆幸的，是我和你们的爸爸因为有着最基本的善意，感情越来越亲密。注意，这里所说的亲密，并不是浓情蜜意、爱意澎湃，事实上，那些年轻时的轻狂和激情在逐渐褪去，我们不会因为看了对方一眼就小鹿乱蹦，我们现在的感

情状态是平静而稳定的，但热情的减淡并非是什么不好的事，相反，我倒是感觉出了不一样的滋味。"嘿，我给你倒了一杯咖啡""你今天看起来很漂亮"，这就是我们现在的日常。而在刚结婚的头五年，我是不能想象这样的生活的，那时我憧憬每一分钟都充满激情，都和最初时一样。**但你们知道 20 年后，什么才是性感吗？是美好的事物，是经历所有之后的赞美，是感谢，是表达歉意。**

说实话，作为你们的妈妈，我一点都不担心你们是没有热情的人，哪个年轻人在爱情里不曾死去活来呢？我担心的是你们无法接受热情褪去后的平淡，并且误以为那代表着你和对方已经没有了爱。我和你们的爸爸从在一起到今天，所有的戏剧性变迁我们都见过了，而今比起天雷地火的爱，我们只需要保持善意。我希望你们也可以知道这一点，如果你实在不知道该怎么做，那就按照我说的做：我们只需要像对待好朋友一样对待自己的另一半，就足以保护自己的婚姻到永久。回想一下你是怎么夸奖你闺蜜的新裙子的，又是怎么拍拍你兄弟的肩膀："嘿，哥们儿，我虽然对你的做法有些意见，但我尊重你的决定。"把你的爱人也当作一个你很想跟他（她）一起生活的人吧，学会和平相处，分享快乐并安于平淡，就像和你的那些老朋友一样，切记，不要把伴侣当成一个充满冲突的亦敌亦友的人，你们虽然是夫妻，但首先，也该是朋友。

不要把另一个人抛在尘埃里

我希望，当你们成为别人的妻子或丈夫，你们可以在精神上与对方紧紧相依，虽然某种程度上这不可能完全做到（毕竟大家都是有强烈自我的个体），但你们仍然应该迈出步伐，和自己的爱人一起，踏上你们的灵魂之旅。夫妻之间保持同步十分重要，没有什么比爱人落在自己身后一公里更孤独的事了，反之亦然。你们要一起提问，共同讨论你们所学到的东西，一起奋斗，一起学习，做同样的研究，不要把另一个人抛在尘埃里。当然，很多时候你们不可能每一步都一秒不差，所以，在前面的那个人要更有耐心，不要老是唠叨，更不要表现出嫌弃。如果你们不能肩并肩一起行走，请为另一个人按下暂停键，这是为爱所必须做出的牺牲，可是说到底，其实也是为你自己，因为没有谁希望在未来总是独行。你们要一起成长，一起寻找，这是你们二人盟约中最永恒的部分，请给予它最大的关注。

不要试图改变对方

当你们步入婚姻，你们可能会面临一个所有夫妻都会面临的问题，那就是试图改变对方。但孩子们，听我说，千万不要做这种费力不讨好的事，你们的爱人就是他（她）本来的样子，他（她）的性情和倾向基本已经定型了，所以，你的每一次改变，或许都是一次破坏。比如如果他（她）是一个做事情有计划的人，就不要强迫他（她）事事都按你的要求来；如果他（她）是一个幽默有趣的人，就不要指望他（她）变成一个可以打小怪兽的奥特曼。大多数时候，你越早接受这个跟你结婚的人，越早把花在改变对方的精力用在接纳对方，你们的婚姻之路就会越早顺畅起来。不要把时间和力气浪费在"试图从根本上改变他（她）"这件事上，它只会让你更痛苦，而没别的任何用。听着，每个人都有缺点，包括你，谁家的爱人也不会是完美的。严重点说，**每一段婚姻里都有两个罪孽深重的人。**而仁慈是我们唯一的希望，接受他（她），不仅是他（她）最好的地方，更要接受他（她）差强人意之处，和最差的那部分（这些缺点你也有呀）。换个角度想想，如果你的爱人无论如何就是不喜欢那个真实的你，那该多挫败啊。所以，如果你想改变你爱人的某些奇怪行为，那么建议你，干脆把你俩的脖子都拧断算了，因为改变的过程会让双方都生不如死。唯有给他（她）自由，你才可能回忆起他（她）身上的可爱之处。

开心

在我看来，能一起欢笑是婚姻带给我们最好的礼物。夫妻俩如果可以因为一件事共同开怀大笑，那一刻是无比美好的，比如我和你们的爸爸就经常在看你们的中学演出时取笑你们（对不起宝贝们，我不该这么说，但台上的你们看上去真的是又呆又笨啊。）一直以来，开心这一元素在婚姻中都被低估了，但它实际上是很强大的粘合剂，有助于我们彼此喜欢，不只是彼此相爱。**生活已经带给了我们很多痛苦、挣扎，我们不必再做出成熟、清醒的样子。**让我们把愚蠢、欢笑、有趣的棋盘游戏、搞笑电影和表亲婚礼上滑稽的舞蹈动作，都视作婚姻的一部分。当你的爱人在讲一件有趣的事情时，看着他（她）的眼睛，让他（她）知道你喜欢他（她），也让他（她）知道，他

（她）是个讲故事的高手。

享受性

这才是真正要紧的事。无论是男孩（为了感受被爱）还是女孩（因为感觉到了爱），12分钟后，你们都会很开心。性是有魔力的，它将你们带到一起，融为一体。虽然我不可能在这里解决你们所有的有关性方面的问题，但我想说的是，任何值得为之战斗的东西，最终都会给你带来你想要的结果，婚姻中健康的性生活算一个。性爱可以拥有很大的特权。如果你的爱人知道你爱他（她），并且想要他（她），那么在其他任何方面，他（她）都会受到鼓舞。如果婚姻的麻烦排山倒海般袭来，而你却不知道接下来该怎么做的话，从性开始吧，看看会发生什么奇迹。

好了，关于婚姻，我能想到的都已经写在了这里，婚姻是件疯狂的事，但肯定是件好事。当你进入婚姻，你就必须经常和爱人一起战胜自己，为爱而战。婚姻有时很美，但有时也并不是看上去那么好，我们中的许多人，都在崩溃中重新崛起，创造出了比以前更坚强的自己——**当然，带着之前的伤疤。**

但无论如何，我仍然记得，在对我许以更多诱惑的、虚荣光鲜的人群中，我一眼选中了你们的爸爸。当我们执子之手，就等于做出了以下承诺：我选择了他的快乐、他的健康、他的幸福，我选择让他成就而不是将他剥夺。**我选择了他，如果人生可以重来，我仍将选择他。**正如简·爱这样说她的爱人罗切斯特先生："我完完全全知道，我和这个世界上我最爱的人，即将要过的是什么生活。我认为自己无比幸福，幸福得无法用语言来表达，因为我是我丈夫的生命，正如他也是我的一样。"

孩子们，虽然我平时看起来是个大大咧咧的妈妈，但是你们看，我竟然也写下了这么多嘱咐你们的话，有没有很意外？说实话，连我自己都觉得不可思议。其实，天下所有的妈妈几乎都是一样的，从我们成为妈妈的那一天起，就开始了漫长的担忧，担心孩子的健康、安全、性格、学业和情感，更担心自己无法胜任妈妈的角色。

现在，我以我"妈妈"的身份来给我的孩子们写下嘱托，但尽管如此我也清楚，我无法让你们不走弯路、不犯错误，毕竟你们的人生需要自己去体会。只是希望你们在未来某天感到迷茫的时候，能够想起"我的妈妈似乎对我说过与此有关的话"，然后你们翻翻这本书，就能明白我此时的一片苦心。

希望你们都成为快乐的人，拥有快乐的生活和婚姻，别担心自己或对方有哪里不好，会影响了这份心情，因为不断修正与磨合，也正是快乐的重要源泉。

当下
胜过完美

第6章

对于一个妈妈，
什么才是有价值的生活？

最近，我的闺蜜告诉了我她和我女儿雷米之间的一段对话：

闺蜜：雷米，跟我说说你妈妈是做什么工作的？

雷米：我妈妈没有工作。

闺蜜：怎么会呢，据我所知，你妈妈是在工作的啊。

雷米：是啊，我知道，但是她没有一份很在行的工作。

闺蜜：不会吧，如果不在行，她怎么写书啊？

雷米：所以她经常在家做饭啊。

显然，我的厨艺在家里获得了肯定，但是考虑到我女儿对我的职业属性如此模糊，所以我想，是时候该对我所进行的事业做一下澄清了。在我周围，有人喜欢跟数字、列表和账户打交道（而我几乎看一眼就要晕倒），有人擅长组织和管理；我的家人中，有人擅长网页设计，有人对技术很在行，有人是工匠和建筑师；还有那些教育工作者、厨师、运动康复专家、房地产经纪人……显然，我身边的人都有一份他们很"在行"的工作。

然而与我情况更类似的，是我另外一些朋友，他们终其一生都在传播爱，解惑爱，寻求在困难之地开出正义之花。

而这也是我的信念。

我希望我们生活得更好，更懂得爱。生活的本质并非物质、成功、工作、成就感以及那些你所占有的东西，真的不是，尽管我们在这上面花费了大量的精力。**在我的生命当中，最充盈的部分、最美好的回忆、最令我感到满意的事情，永远**

与人有关。物质并不构成生活，人才是。因此，也没有什么能比一段破碎的关系更能伤害我，更能窃取我的快乐了。人与人之间可以相互治愈，亦可以互相伤害，的确如此。

我希望组建一个群体，在其中，人们多一些关爱，少一些伤害。

如果要说我的职业到底是什么，我想可以用上面这句话来描述。

当然，我的女儿目前是不会理解这句话的意思的，在孩子们看来，一个特别具体的职业才称得上是有意义的，其余的那些关于爱啊伤害啊什么的描述，只能换来他们一句敷衍的"哦"。坦率说，在听到雷米和闺蜜的对话后，我郁闷了好几天，好几次想找雷米聊聊，让她知道她的妈妈志向还是很远大的，并不是个职业可疑、只擅长烧饭的中年妇女，后来转念一想，还是算了吧，我不该强迫孩子认同我的价值，对于他们来说，有个真实的、不需要她们仰望的妈妈，胜过有个"卓越完美头顶自带光环"的妈妈。

在我摸索"妈妈的价值"过程中，我看到一代代的人陷入困境。可是要知道，**一段互相伤害的关系都始于我们自己。**我们不仅残忍地令自己身陷困境，还要拉上我们的丈夫、孩子、朋友、亲人，等等等等。当我们把不切实际的预期强加在自己身上时，也会很自然地把它们加诸其他人。这样如果我们失败了，至少可以期待别人也同样失败，毕竟不幸总是扎堆儿出现，不是吗？

但亲爱的，能听听我在这本小书里的寄托吗？我希望当你合上最后一页时，能够来一个放松的深呼吸；我希望你因感觉自由而放声大笑；我还希望你能够用新的视角，重新审视周围所有朋友——你的妻子和丈夫，你的子女和邻里，你公司里的同事，所有这些人。

每个妈妈都希望是备受儿女敬重的，但是我们没有必要彼此苛责，做一个讨人喜爱的普通人或许会更好。我也知道，总会有搅局的来说：你很不平凡，你应该出人头地。但在我看来，这件"神奇"的事情的本质应该是：**我们终于拥有自由的人生，可以充分自由地度过美好、珍贵的生活，而不是所谓"正确的"人生。**

此外，我还经常被问到当下非常流行的另一个议题：我的使命是什么？（类似的还有：我要如何找到我的使命？你是什么时候知道你的使命的？我怎样才能得到你那样的使命？你能让我离开我的使命吗？）

唉，要回答这一问题，我又不得不吐槽了。亲爱的，我无意诋毁你对使命的追寻，但真的，如果可以，我很想解开这人造的锁链，因为我看到太多女人们身处当下的生活，却在迫切地寻找她们未来的"使命"：等我的孩子长大些，我就……等我的平台更大些，我就……等我对这件事更得心应手的时候，我就……等幸运的雷劈中我的时候，我就……然后等着等着，就再也没有了下文。

但事实上，亲爱的，**在许多方面，寻找所谓使命是一种很奢侈的特权。**生命的目的其实并不需要通过一个商业计划、一个网站、一份薪水或是一个观众来体现。但正因我们受过良好的教育，收入稳定，所以才会在使命上费尽心思，所以才并不在乎普通工作的那份荣誉，所以才会为浪费生命而苦恼不堪。

身为母亲，一定要为某项伟大的事业献身，或是成就一番了不起的事业，才算得上找到使命吗？要知道，海地的单身母亲可绝不会考虑这些。她努力工作只是因为她必须这么做。她根本不会想着寻找什么使命感。她努力抚养孩子，艰难谋生，尽她所能做到最好。她所有的生活目标可能都出不了她家的院墙，我们永远不会知道她的名字，而领导力、创新或社会革命这些事情，或许永远与她无关。

然而，她依然配得上她的使命。

这正是我想说的，**我们当然可以追寻有价值的生活，但一个有价值的生活必须包括普通人之爱，即在最普通的日常中复原人的本来面目。**如果你是一个家里有一堆活儿等着的妈妈，那么这就是你此刻的生命价值。**没有任何未来的使命比你现在的位置更重要。每一个美好的、有意义的可能性都只存在于当下。**

职场对于女性的意义，不是让我们变成可以翻手为云覆手为雨的女强人，而是让我们多一个体现价值的舞台（但这绝非是我们唯一的舞台）。嗨，辛勤工作的妈妈们，除了每日按时打卡、支付账单，你们还可以过"有价值"的一天。**你和你同事说话的方式、你努力工作的方式、配得起自己那份薪水的劳**

动者的尊严——这都是有价值的生活。通过日常工作，人们可以获得自由，实现自我价值和改变。

当然，你若能有远见深入理解这份事业，就更棒了，因为有些人的工作与他们所钟爱之事无关。如果你也是这样，总觉得"从事的工作并非是自己喜欢的"，也别因此就沮丧，事实上，你的使命并没有因你的工作而开始或结束。使命像一把大伞，把"事业"罩在下面，事业只是你所要完成的一部分，但是如果它熄灭了，爆炸了，转移了或消失了，你仍然可以过充满善意、有信念的生活。

而也许我们可以跳出自我强加的这口"使命"的压力锅，把它换成另外一个词试试看，比如"礼物"，前者给人一种职责感，后者却是我们与世界沟通的一种方式。而且，请注意，不仅是那些有特殊意义的事情是"礼物"，连做最普通的事情也可以看成一种"礼物"。比如"赞赏别人的能力""认可他人""鼓励他人"，这都是一份"礼物"，这份礼物不论何时、何处，不论是谁，都很需要。

所以，妈妈们不要担心自己所做的事不够光鲜，担心自已因此无法成为孩子们心中值得夸赞的好妈妈，别再去外面的世界寻寻觅觅你的使命了，因为你正居其中。你的"礼物"可能正隐藏在你的工作之中，可能在你生活的每一阶段，就像你身边的人一样围绕着你。**使命从来不是那些大而炫的工作，美好的生活很少以这种方式降临，它经常以你几乎看不见的方式悄悄地出现，一半都是计划外的，它就是人们生活中的那些事。**

最后分享一段话，来自安娜·昆德兰（《不曾走过，怎会懂得》作者）：

> 永远不要把你的生活和工作混在一起，后者只是前者的一部分……这个世界上，与你水平相当的人有千千万，同样也有千千万的人想做你那份差事来谋生。但你是唯一对你的生活——你特别的、全部的生活——负责的人。你的生活不应该仅仅是在一张桌子前，或者在你的车里、在地铁上，或是在电脑前度过。生活的意义不只在于你的头脑，它需要你用心度过。

担心自己是坏妈妈，
你就已经是好妈妈

　　"妈妈"这个身份，本身就是我们最伟大的使命，是我们最值得骄傲的人生价值，至于其他的，就做你想做的事吧，做个自信快乐的人，才能将这快乐传播给身边的人，尤其是我们的孩子。

第7章

没有一个妈妈应该放弃自己，
卑微地迎合家庭

前面我刚说了身为母亲，不要强迫自己成为孩子眼中光彩熠熠的妈妈，但现在，我要宣扬的却是相反的一面：当妈妈是件值得骄傲的事，但也不是你牺牲自我的理由！

是不是感到有些晕头转向，不知道我到底要站在哪一边？噢，亲爱的，这两者并不矛盾——我们不必费尽心力营造一个光辉炫目的妈妈形象，但同时也不要觉得，妈妈就该为了家庭忘记自我，无限妥协，将自己的兴趣和意见埋进尘埃。

要我说，当妈妈最大的难度就在于，在"为家庭牺牲"和"坚守自我"之间找到生存的空间。 我们既要做一个母亲应该做的事，照顾好孩子们的饮食起居，也不要忘了在抛却一切身份后，自己依然能做个不缺少主见和乐趣的人。

至于什么是乐趣，这可就是件见仁见智的事了。就拿我来说吧，亲爱的，我一直想跟你们探讨一些小问题，比如，当了妈妈之后，你依然戒不掉哪些小习性、小怪癖？实不相瞒，我真的深受其苦，好多朋友都劝我，说："你已经是个妈妈了，就不要怎样，不要怎样……"可是我才不信，谁还没点小怪癖啊？你一定也有！拜托告诉我！下面，我就举一些例子，让你们看看我是怎么在"当妈妈"和"坚持己见"中不断寻找空间的：

"你热不热？""快去睡觉！"

我从来不是一个优柔寡断的妈妈，尤其当我看到自己的孩子们从扶梯上滑下来，或是踩着滑板在我方圆 1.5 米咻咻咻旋转漂移，或是举着气枪满屋子上蹿下跳互相扫射时，我会毫不客气地说："听着！你们可以继续胡闹，但如果你们受了伤，不许哭！要哭就滚回你们的房间哭，别让我听见！"

　　但是，一旦碰到下面这两个问题，我会秒变神经质大妈，那就是我孩子们的睡眠问题和冷热问题。

　　事实上，从他们出生那天起，我就变成了一个睡眠独裁者。我给他们的睡眠时间掐表计时。只要有专家说"孩子每天至少需要 10 个小时的睡眠，不然就……"时，我立马就滚去掐表了。讲真的，能睡觉是一件多么幸福的事啊，尤其 1 天睡 12 个小时，这简直是我人生的目标。可想而知，当我发现哪个熊孩子睡眠不达标时有多焦躁："天哪，都已经 10：13 了，加勒这小子还没睡。看样子明天得让他老实待在家里，这小子一出去就玩疯了，回来就不睡了。"是的，在睡眠质量这个问题上，我的要求苛刻得就像个怪物。

　　同样，对于他们的冷热问题，我也表现得很在（神）意（经）。热吗？冷吗？是不是有点儿冷？是不是太热了？要不要加件外套？你的外套呢？把你的外套给我！热不热啊，赶快脱掉你的背心吧。喝点水吧？你又忘喝水了吧？你喝水了吗？要不要坐到阴凉处去？要不要到太阳底下来？你这毯子盖得太薄了！你这毯子盖得太厚了！要是觉得热，记得把毯子掀开啊。要是觉得冷，这儿还有一床毯子。你的手冷吗？你的脚热吗？

你得戴上帽子！快把帽子戴上！如果你不戴上帽子，就不准出去！摘下帽子，外面太热了！

就在我为了冷热问题唠叨了不下 28 遍之后，我的朋友汤娅终于忍不住了："我的天啊，珍！你是不是疯了！你能不能别管他了！我都被你吓着了。"这是一种强迫症。我们家有 18 个可以重复使用的水瓶，嗯，我数过了。所以你能想象吗？当他们的足球队开始集训，我的压力有多大！不夸张，我整个八月都在担心。

然而，对于某些事情，我却全然不在乎，例如安全问题。比如当我的孩子为了测试防风斗篷是不是真的那么灵，从二楼的窗户跳到气垫上时，我却只担心他们是不是太热了，或者是不是该去睡觉了。

除了对于孩子的睡眠和温度，我有着异于常人的执着外，我在其他非育儿方面，也有着自己的怪癖。比如，我常说的一句话就是："安静点！"我对于噪音的忍耐力比对不睡觉的熊孩子还低，但很不幸，毕竟我们家里有 5 个孩子，他们每天发出的各种动静简直就是一个噪音大合唱。这种噪音会让我抓狂，确切地说，是让我变得像个刚松绑的疯子。有时分明大家都在各干各的，我会突然跳出来，毫无征兆，像个发疯的女巫，空降到他们中间，一把夺过遥控器，关掉那些令人抓狂的哔哔哔、嗡嗡嗡、滴滴答答声，然后瞪着一双冒火的眼睛冲他们咆哮，尖叫。通常，孩子们会一脸迷惘地看着我，毕竟他们上一秒还在各自忙活，而我没来由的爆豆反倒令他们受到了惊吓。但是不管了，我就是要咆哮，我受不了啦！

尤其那次，我独自开车带着孩子们跑长途。你能想象吗？车里一刻不停的嚷嚷闹闹，吵得让我想直接拿根针把自己的耳膜扎破了。最后实在绝望了，我一脚刹车停在路边，把孩子们锁在车里，走到 5 米开外，坐在草地上号啕大哭。孩子们把脸趴在窗户上嚷嚷着："妈妈！妈妈！你在干吗，妈妈？！"

还有，当我在写作时，如果房间里有一丁点儿响动，我就一个字都写不出来。我需要一个完全安静的环境，才能勉强写出一句完整的话。所以如果有人在家（譬如孩子们今天刚好不去上学），他们胆敢跟我念叨"我想给自己弄个新文身"或者"你能帮我们把那件事记在我们的日程表上吗"的时候，我可能会威胁他们，叫他们滚蛋。（只是做个假设哈，但我有可能真这么干噢。）

看，尽管我已经有了五个孩子，但我依旧不是个为了家庭能够放弃个人怪癖的妈妈，或许这些怪癖在很多人看来，跟神经病没什么两样，但那又怎么样，我也许会在未来对孩子们的安全问题多上点心，但是也要允许我在一些问题上坚持。我不想做个教科书式的好妈妈，不想为了家庭时刻保持和颜悦色，你也没必要这样，孩子们很重要，但也要尊重你自己的感受。

我喜欢的歌就是幼稚啊，怎么了？

在我整个成年生涯中，我一直住在奥斯汀这个世界现场音乐之都。我们这里充满了牛气冲天的音乐家和独立歌手。一入夜，你能在多达 24 个场馆里听到各种大开脑洞、有趣、美妙的原创音乐。我们的朋友圈里也有真正的制作人和艺术家，在这里，音乐品位非常重要，怎么说呢，它几乎可以成为别人判断你是不是具有潜在性格缺陷的标准之一。

然。而。我。却。独。爱——流行音乐 TOP40。

你可以说我幼稚，反正我幼稚肤浅的音乐品位已经是我圈子里公开的秘密。当我的朋友们都在听"清晨夹克"和"飞狐"这种高格调的乐队时，当他们高谈阔论什么音乐创作、什么超凡表现力时，你知道我在干什么吗？嘻嘻，我在和我的孩子们一起，听《美国偶像》里那个16岁孩子唱的"布鲁诺火星歌"啊。没错，我就是喜欢好玩的、带点节奏感的音乐，调越高我越爱。偷偷告诉你，我喜欢的每一首歌都能在我女儿的《少年波普》系列专辑中找到，那又怎样，我的音乐偏好就是这么幼稚啊。所以，当你看到我一边吼着歌一边跳舞的时候，请别介意。不过，随便吧，反正我也不在乎。我只想跟着摇滚的节奏，摇摆，摇摆。

我见过很多当妈妈的人，因为自己成了妈妈，而强迫自己去喜欢一些看起来成熟的、庄重严肃的、有品位的、有格调的事物，她们不想自己的孩子有一天感慨"哎呀，我有个不入流的妈妈"或者"我妈妈的爱好好肤浅"。可是，如果你并不真的爱好那些事，便无法长年累月地在孩子面前演戏，那太痛苦了。

而另一个弊端就在于，孩子无法从你身上学习到"热爱"这件极其重要的事情，因为你和你所谓的爱好之间，其实貌合神离，你不会全情投入，不会发自内心，甚至你的眼神都不会因此而变得明亮。因而，孩子们从小就不会知道，当他真正热爱上一件事情时，会出现怎样的反应。没有哪个妈妈希望自己的孩子心口不一甚至装腔作势，那样的人生绝对是个悲剧，因此，我们也不要强迫自己去接受自己无法接受的，放弃自己不想放弃的。

讨厌恶作剧

我喜欢幽默，喜欢笑，喜欢有趣、傻分分的电影。我爱有趣的人，爱挖苦和戏谑，爱说俏皮话，爱喜剧片，我相信笑声是最有效的治愈剂。

但是，我却一直受不了恶作剧，从来都不能忍受。我讨厌看到一群人乐在其中，而一个人却被蒙在鼓里，最后被可怜地逼到一个恐惧／可怕／尴尬／迷惑／痛苦的境地。

有一阵子因为我儿子本的一些事，我们全家都沉浸在悲伤中走不出来。而我的朋友米西，为了让我纾解心情，每天都给我发一段搞笑视频，直到我熬过了那段日子，老实说，我很感谢她，为我阴霾的心情投射进了一线光。米西也是个喜欢幽默的人，她的 YouTube 上有很多好玩儿的东西，譬如那些人们莫名其妙跌倒的视频（天哪，为什么每次看到这些我都觉得好有趣？），我看完后常常会给她留言或者点赞。但后来，事情有了变化，她开始发给我一些恶作剧的视频给我，就是那种一帮人整蛊别人的，我于是就没再理她了，不点赞，也不评论。米西对于我的冷淡很是不满，终于有一天，她忍不住跑来质问我："你这人怎么回事，好心给你发段视频，你都不评论一下！"每次我都说："就是不想评论，怎么样！"米西显得很气愤，她一阵抱怨，而我接下来给出的回答则是："我连看都没看！"米西觉得忍无可忍，最后她给了我一句："你个神经病！"

对于我对恶作剧的深恶痛绝，很多人都不能理解，包括西米这样相识多年的朋友，但是我并不打算为了任何人改变。因为在我看来，恶作剧是那种典型的"把自己欢乐建立在别人痛苦之上"的事，人们或者用惊吓考验你的心脏，或者用群嘲摧毁你的自尊与自信，你能想象一大帮孩子围着一个浑身菜汤的可怜虫哈哈大笑的样子吗？他们丝毫不会考虑被捉弄人的感受，这种恶作剧和赤裸裸的欺凌没有两样。

而最可恶的，就是那些骗取别人善意和同情的恶作剧："先生你能帮我拿一下这个吗"，然后绳子断掉，让你以为自己要赔上一笔巨款，或者求你帮他推一下轮椅，之后他忽然蹦起来健步如飞，只为吓你一跳。恶作剧者以为这不过是个玩笑，却不知道，人们的最珍贵的同情心就是在这样的玩笑中消失殆尽。你难道指望一个被恶搞过的人，下次见到同样的情景还能义无反顾伸出援手吗？他肯定会犹豫："天哪，谁知道这是不是个玩笑，我还是快点离开吧。"

　　这就是我讨厌恶作剧的理由，它让很多很美好的东西消失了。

　　所以请注意，如果你邀请我观看一场恶作剧，我很有可能早早地就开始大喊："这不是真的！她没受伤！这不是你的车！那个服务员只是个演员！你真是太会演了！"相信我，我会毁了这出恶作剧的。

甜蜜的悲伤

　　我讨厌说再见。不仅仅是那种正式场合，还有非正式的，例如谁谁谁要搬去波士顿了啊，或是某某某来奥斯汀玩儿了一阵要回家去了。总之，我痛恨一切形式的告别，宁愿像个忍者一样从聚会上溜走，也不愿跑去大堂道个隆重的别。如果我的钱包刚好在女主人的视线范围内，那么好吧，我会把钱包留在那里，第二天再去主人家的门房取，因为我亲爱的丈夫布兰登绝对不允许我就这样不礼貌地走近别人跟前，取上钱包，然后公然走掉。

当然，我也曾无数次被别人逮到问：

嘿！你去哪儿了？

你走了吗？

你怎么了？

你不会被绑架了吧？还是你躲进箱子里了？

但我依然如此。即便我百分百确定这是最后一次见到你了——可能你的行李已经装车，所有的东西都被运到了亚特兰大的新家，孩子们系好了安全带，你的丈夫在对我们做"准备出发"的手势——我也只会说一句："回头再聊吧，走之前再见。"我一定会这样说的。我会找到一种不像是告别时刻的方式去表达，即便告别就在眼前。

　　我对于离别的排斥，曾经让我异常烦恼，不仅仅因为这会让我在很多郑重时刻表现得有些失礼，还在于，我不知道如何告诉我的孩子们，遇到这样的情景该如何处理。难道也像我一样，偷偷从宴会上溜走？还是面对将要难得一见的朋友，使尽全力打个轻松的招呼？不管哪一种听起来都不太美妙。

　　我曾经试图找出我有此怪癖的原因，并变成一个能够热情洋溢拥抱再见、甚至开个告别 party 的人（我想大概所有孩子都希望有个这样的妈妈吧），但是，最近我开始发现，我的一些"怪癖"实际是因为自己性格内向。最开始我并不太清楚这里面的道理，但在阅读苏珊·凯恩的《安静：内向性格的竞争力》时，我才发觉自己好像突然得到了诊断。那是一种知觉超出负荷和对人群产生厌恶的体验（对一个需要在公众场合演讲的人来说，这还挺麻烦的），有宅女倾向，厌恶闲聊，有社交恐惧，不能处理多重任务，还有一颗过于活跃的心……这些都是内向人的典型特征，条条都符合我。

　　记得两年前，我在网上坦白了自己的一段经历。就是有一回，在一个需要我发言的会议开始之前，我像个怪物一样（而且是再一次地）躲在浴室里不肯出来。那时就有人询问我，是不是性格内向。我斩钉截铁地回答不是。当然不是啊！你才内向呢！我喜欢人群！我要在大众面前演讲的呀！我很强大的！我才不怯场呢！

然而事实证明，我错了。自从一位读者将《安静》这本书交到我的手中后，我发觉它就像一面镜子，让我关注到了自己的每一个倾向。讲真的，我以前从来没有读过这方面的研究。

而这一次阅读，对我无疑是一次痛快的解放。我放弃了那些试图改变个性的努力，也停止了那些烦人的自我暗示。**我给了自己选择安静、沉默、私密的权利，**也终于承认了自己的社交局限，并决心如果真的不想费精力去拓展交际，那就不要再费精力好了，这没什么好羞愧的，毕竟我确实这方面比较笨拙。相比之下，我的朋友莎拉简直是典型的外向性格，她每天一睡醒就在想，大家都醒了吗？他们要跟我一起去吃早午餐吗？我有没有错过什么聊天？还有谁能和我们一起？我必须接受自己与他人存在这样的差异。

担心自己是坏妈妈，
你就已经是好妈妈

于是我给自己诊断为"高智能孤独症"患者，不过呢，他们不肯相信。但，谁让我就是那个"躲在浴室和厕所里不愿出来的会议发言人"呢。事实证明，像我这类人在舞台上总是会比在酒店大堂里发挥得更好。我可以跟某人在走廊上深谈几个小时，但让我走进一个充满陌生人的聚会，却比死还难受。

有意思的是，我却最终嫁给了一个外向的人。我的丈夫是一个随时随地有什么就要说什么的人，滔滔不绝，并且行动力超强。当我在《安静》中读到"如何化解性格内向的人和性格外向的人之间的冲突"这一章时，说真的，我甚至怀疑苏珊·凯恩是不是就在我们家某个角落监视着我们，否则怎么会有如此惊人相似的剧情。比如，她在文中描述了格雷戈和艾米丽两夫妻之间的细节，实在太有共鸣了：

当她和格雷戈意见不同时，她的声音就会变轻，变直白，态度也会稍稍变得有些淡漠。因为她不想自己变得咄咄逼人，所以只能沉默，压制，冷淡处理。但格雷戈却恰恰相反，他一生气，声音就会抬高八度，整个人变得充满攻击性，感觉这件事情如果不扯清楚的话，他会没完没了地纠缠下去。艾米丽越是退缩，就越无助，越受伤；而格雷戈越愤怒，艾米丽受到的

80

伤害就越深，进而逼得她做出更多让步。很快他们就坠进了一个死循环，并且他们各自都认为自己是在以适当的方式争论。

你们知道吗，这段活脱脱就是我和布兰登的真实写照啊！这就是我们二十年来的困境！我坚定地认为，我们之间之所以会有冲突，就是因为布兰登性格上有严重的问题。然而无解的是，他也这么看我。《安静》一书给出的答案并没有彻底改变我们俩之间的困境，但却让我们更加理解对方。过去我们争吵的时候，我会气得拒绝沟通，而这种拒绝沟通的状态又会激怒布兰登；但现在，布兰登会试图从愤怒的屋顶上下来，我则试着从地上站起来。**虽然这么做我们可能仍有50%的失败率，但至少令沟通更有意义。**

我在改变和坚守中寻找婚姻之道，也用同样的状态去摸索做妈妈的诀窍。

我有三个外向的孩子，一个内向的孩子，和一个两种倾向都不那么明显的孩子。充分了解他们的个性，无疑对我们的教育非常有帮助。比如，跟性格内向的孩子交往，我会感觉比较容易，因为我只要跟他说："让我们躺在草地上读一整天书吧！"他就会开心地回答："好耶！"但在养育性格外向的孩子时，我有时会很伤脑筋，因为他们不停地围着你，要求你跟他们互动，或者做各种各样的事。我们的需求不同，他们想要更多，而我却想要更少。我觉得太多了，但我的孩子们却觉得还远远不够。

于是我学着去接触社区里的人，没想到充满了惊喜。在那里，我结识了很多妈妈，我的孩子们也认识了很多新的伙伴。这有一个好处，就是那些新认识的伙伴会邀请我那几个性格外向的孩子参加各种消耗体力的活动，还去什么主题公园之类的。他们之间形成了一种爱的互动和新的对话方式。这样既满足了孩子们的倾诉欲，又满足了我想要清净的需求，简直完美。

有时候就是这样，你想寻找解决之道，却一时不知道如何去做，有些人或许在这时选择了妥协，强迫自己扮演一个不擅长的自己，而有些人则会先试着迈出第一步，然后走着走着忽然发现：嚯！我的问题竟然在这里找到了答案，这真不可思议。我将自己的这条心得告诉了很多不知如何平衡"自己"和"家庭"的妈妈，别着急在今天就找到解决的方法，也别因为问题一时无解就退回原地，我们总要为自己的想法做些什么，才可能获得打开下一扇门的钥匙。

妈妈之道，其实就是一条中庸之道。**没有任何一个妈妈应该卑微地去迎合一个性格外向的孩子，但也没有理由让孩子感觉自己像个负担。**在这中间一定能找到中间点，跟着感觉走的人可以学习克制，更敏感些的妈妈们则可以自行进行更深的领悟。

中庸是件好事情，可以赶走我们头顶上那片挫败的乌云。譬如我那几个性格外向的孩子，他们似乎总有无穷的精力参加各种各样的活动，这种事可以说既不好也不坏，用一种中庸的态度看待它就可以了，这也能帮助孩子们理解我的内向。虽然孩子们不会喜欢我这样整天看书的生活，但他们可以表达对我这种生活方式的尊重。如果有一天，你发现你和孩子拥有不一样的性格，喜欢不一样的生活方式，别急着融入他们，也别让他们因你而改变，你可以试着告诉你的孩子们：**"不是我们中的一方做错了什么，只是妈妈喜欢这样子的生活罢了。"**相信他们会懂，也相信你们会因此轻松许多。

第8章

不会做饭吗？
生个孩子就会了

　　电影中总有这样的温情片段，一个人吃着一道菜，忽然潜然泪下，然后告诉身旁一脸疑惑的人："这是我妈妈的味道。"天啊，就是这种"妈妈的味道"，让无数为人母者有了强烈的使命感，感觉自已必须要做出一手好菜，并且让那味道深深地印入孩子的脑海。

　　对于这个观点，我在这里先要举双手赞成，美食对于一个孩子，确实太重要了，不仅是关乎营养健康的事，更因为孩子的味蕾从来都能决定他们的心情。在这方面，我可以毫不自夸地说，我的孩子们总是可以从食物中获得愉悦，因为他们有着一位擅长制造美味的妈妈（咳咳，聚光灯再亮些，欢快的音乐响起来）。

然而必须承认，我不是一开始就喜欢食物和烹饪的。

当我还是个新婚少妇时，每做一顿饭对我来说都是灾难。而那之后，我每隔一年生一个孩子，加上孩子们成天都要吃东西，导致某一段时间，我迫切想去学烹饪。可与此同时，并没有人帮我看孩子。所以我只能在给小宝喂完奶、换完尿片，跟满屋子的混乱作完斗争，以及陪大宝们玩过一千万次积木之后，顺便给他们准备一顿营养晚餐！

我很高兴。

从字面上看，我的生活就是这样慢慢改变的。记得有一年新年，我问自己："今年我能做得更好吗？我还有什么自我完善的空间吗……"当我这么问着，我发现，答案是肯定的，那就是从做饭开始。既然这些人坚持要我每天做饭给他们吃，那我就需要想想法子，不能老用谷物和越炖越苦的汤来打发他们。

所以，我的生活翻了新的一页。我开始上美食网注册，看食谱。我买了各种异国情调的、非常棒的调料，决定把做饭这件事变成一件愉快的事情。比如，来一首曼妙的音乐，一杯红酒，陪伴着家人（好吧，全凭幻想，我幻想着自己会因此更爱和孩子们待在一起，而不是总与他们斗智斗勇）。然后我就开始种菜、看美食纪录片，后来你们猜怎么着？嘻嘻嘻，我现在已经养了 10 只鸡了，它已经完全变成了我的一项事业。

不过话说回来，我当时养它们只是想吃得好点。

因为成为妈妈，我从一个一到做饭时间就恨不得晕倒在地的女人，变成了一个主动寻找最新食材、开发创新食谱的料理达人，坦率说，要不是因为有这一帮总是喊饿的小家伙们，我才不会想到自己能做出那么好吃的东西。但他们摸着鼓鼓的肚子、无比享受的样子确实让我成就感暴涨。

而且，因为想为孩子们做出美味佳肴，我努力开发厨艺，而因为厨艺的日渐精湛，我还收获了意想不到的关系。因为做饭这件小事，我结识了三对有趣的夫妇，这是我至今都无比珍贵的意外之喜。这得谢谢我的朋友珍妮，四年前，她给我发了一封 e-mail，上面写道："你们互不相识，但我都认识你们。

听着，我们将组建一个伟大的夫妇联盟，例如成立一个晚餐俱乐部。我相信你们一定赞同，因为我们都爱美食！"并同时抄送了3位妈妈。讲真的，我激动坏了。现在想想，缘分很奇妙，为什么8个从未谋面的陌生人会愿意成立这样一个每月一次的聚会呢？我说不出来。但不可思议的是，大家都同意了。

以下是我们俱乐部的规则：

1. 每个月抽一个晚上，各家轮流举办。

2. 不带孩子参加。（因为算起来，我们几家一共有16个孩子……所以，我们的聚会一般定在晚上8点以后，那时主人家的孩子们都已经上床睡觉了。而另外几家的孩子，要么安排给了保姆，要么像我家这样，孩子都比较大了，不用再像照看婴儿一样去照看他们。）

3. 轮到你家做东时，你们夫妻二人包揽所有事情，包括计划、购物、做饭和清洁。而这之后的三个月，你只管带着嘴就好了，喝喝美酒啊，吃吃好吃的东西啊，想怎么笑就怎么笑，还可以把朋友家的厨房祸害得像犯罪现场。

4.食谱是最重要的。如果你没有提前一星期就开始准备菜单，那就等着被大家责怪吧，休想把玉米汤摆上桌糊弄我们。

5.唯一可以带到聚会上的东西就是酒，你最好带上点。

6.聚会可以是任何一个晚上，而且必须疯到凌晨1点。

7.只要是发生在聚会上的事情，当即就要在聚会上解决，任何不愉快都不能带到下一次聚会。

想起第一次聚会时，我们还做了自我介绍，光是记住每个人的名字我就费了好大的劲，而现在，我几乎知道他们从出生那天起经历的所有一切。我知道他们的乳名，他们父母的一切，他们孩子的每一个细节，他们喜欢的音乐，他们的习惯、理想、最尴尬的事、失败、秘密、喜好、未来的计划、趣事，所有的一切。

我们几家每年都会在一起度假，这比单纯的聚餐要美好得多，可以有更多的交流。我们为彼此新出的书、新发布的CD、新降生或新收养的孩子、更新的播客、找到的新工作而互相道贺。我们彼此之间可以毫无顾忌地做梦、放松、忧伤。**我们是地球上最有趣的组合。**

在这之中，我们有食，有桌，有面包，有酒。

每当我开始计划这一次的聚餐，我都这样想：这是我最珍贵的朋友。我想好好款待他们。我们会聚在一起吃炖羊肉、做龙虾浓汤、自制面食或红酒牛肉，我们会倒上赤霞珠或冷香槟，一起畅聊人生。有时我会开发点异国情调的菜品，有时还会来点小神秘，不论怎样，我们都会把欢笑声、畅谈声、泪水和糗事留在桌前。

我们会聊很多很多话题，比如：你更愿意富有还是出名？在这一年里，你遇到最高兴的事是什么，什么事最沮丧？贾斯汀·比伯到底有没有违法？你想成为什么样的人？你最糟糕的一次度假是什么？还有的时候，我们中的某个人会成为当晚的主角，因为他有很多话要说、要倾诉。**我们的餐桌永远是最好的聊天场所。**

当然，为了避免你们认为我们个个都是未被发掘的烹饪大师，这里有必要告诉你们，在俱乐部举办的 4 年中，我们还是出现过几次黑暗料理的。我们家曾经把鹿肉炖糊了，导致肉比树皮还硬，根本下不去嘴。纳瓦诺他们家做的"阿尔弗雷多意大利面"，曾让我和布兰登24小时不间歇地跑厕所。还有一次"绿豆罐头事件"，因为场面太血腥，就不在这里讨论了。

有时候，由于一些原因，我们也会把吃的东西带出去。就像有一次，终于轮到我家做东，可梅丽莎的父亲突然进了医院，她去了一个半小时都没有音信。于是大家都乱了起来：我们把煮锅、平底锅、自制的鸡蛋卷、泰国调料一起打包，然后用十多个碗装上5种酱料调好的调味汁，带上一打一次性纸盘，风风火火地就开着车去她家了。4个小时后，我们又把每一个脏盘子都收拾到车上，开车回到了奥斯汀。当然，鸡蛋卷如果不经过这么来回颠簸，肯定会更好吃，但友谊却并非如此。

美食让我的孩子们获得健康、心情愉悦，也让我自己收获颇多，而今我越来越觉得：**食物只是一个由头，它让人们彼此的关系变得更加紧密。**

现在，每当我盘点身边幸福的事情时，烹饪绝对要算是其中之一。谁能想到我满脸愁云的大儿子，任凭他父亲怎么询问都不说出理由，会因为吃了我刚烤出来的一块比萨，就将心里的秘密说了出来；谁能想到在我家，吃饭前一分钟还打成一团的孩子，后一分钟却一脸惊喜地一起讨论，我在炖肉里加了什么新佐料；而谁又能想到，玉米饼加墨西哥辣椒酱和黄油就能为我创造出一个美好的小集体？

别担心围着烤箱转的妻子没魅力，更不要担心你系上围裙的样子在孩子们心中并非最美。当我们的五官忙着享受美食的同时，内心也在逐渐被爱填满。不论身在何处，只要有新鲜的面包、烤比萨和爽口的自酿饮料，我们就可以从一个单纯热爱美食的人，变成一群彼此相爱的人——食物真是最有魔力的东西。

亲爱的妈妈们，对我来说，没有什么能比看到你们也组建起自己的美食王国更幸福的事了。**在地球上任何想要表达热情好客的文化中，围坐在桌前都是最好的方式。**当你旧旧的餐桌上坐满了可爱的人，大家进行着美好的交谈，当它提供了一个场所让大家安心地吃面包、分享葡萄酒时，你的房子就变成了一个神圣之地。

不要低估它的魔力哟。

第9章

别担心，
真闺蜜不会因为孩子而疏远

很多女人在做了妈妈后，都很担心社交活动会影响到亲子关系，因为孩子需要陪伴，而好妈妈的定义之一就是：要给孩子无时不刻的陪伴。于是，我们只能默认自己的朋友随着孩子的增加而不断减少，毕竟，以前那种一到周末就出去逛街泡吧的日子，算是一去不复返了："什么？你说这周末想聚聚，对不起亲爱的，我孩子还要上早教课呢。"即使偶尔见面，也大多是拖家带口，想好好说说话、聊聊天？快别想了，每个人不是在喂孩子吃饭，就是在大声嚷嚷："杰米，你不要碰那把刀！"

在几乎所有妈妈的心目中，一旦有了孩子，就意味着要牺牲掉友谊，而这也正是我写下这一章的目的，我要旗帜鲜明地告诉所有抱有这种想法的妈妈：不要放弃你的朋友，不要！

从我的儿时起，我就知道了"闺蜜"的存在，对一个妈妈的重要性。海伦、玛丽、安、伊内兹、露丝、梅伟思……这些都是我祖母的闺蜜，她们都存在于我童年的记忆中。如果没有她们，我甚至都描绘不清我祖母的轮廓。她们在她的厨房里玩着多米诺骨牌，在她们科罗拉多的小木屋里喝下午茶，参加我们的毕业典礼，为我们的婚礼准备各种拉风的礼物。在牌桌前、走廊里、灶台前、咖啡桌前，她们的友谊延续了60多年。她们湿湿的双手抚摸过我们的头发，擦洗过我们的后背，拭去过我们的眼泪，还喂过我们的鸡，并用它做出美味的食物。

朱迪、丽塔、桑迪、黛比、普利茜、谢丽尔、莎伦、梅丽莎……这些都是我母亲的闺蜜。她们也构成了我童年的记忆。我和我的兄弟姐妹们基本是在这些人的家里长大的，她们家里每个房间的样子我都记得很清楚，因为那是我们捉迷藏的地方。记忆中有一条走廊，我们从通风口就可以偷听别人的谈话；有一家后院，我们曾在那里剥了成吨的小龙虾；有一间厨房，那里藏了很多阿华田和各种易拉罐。所有的小孩都是这些妈妈们共同的宝贝，她们集体养育了我们，总之我们就在这种散养的方式下长大。阿姨们帮我们换尿布，开车带我们回家，在我们的婚礼上尖叫。她们集体的笑声，是我们童年最好的背景音乐。

是的，我就是在这么多非同寻常、却又平凡无比的妈妈们和祖母们的养育下长大的。她们都是自己孩子的妈妈，但也都是自己闺蜜的挚友，她们并没有因为成为妈妈就放弃了友谊，也没有因为顾及友谊而忽略了自己的孩子。她们都是当之无愧的好妈妈，也是无可争议的好闺蜜。

这或许也是为什么我如此珍重自己这帮闺蜜的原因吧。尽管很多年之后，我才学会信任我的母亲和祖母，但在我的世界里，这就是成年人生活的样子。你和你最好的朋友共同应对生活中的一切问题。你们共同抚养一堆孩子，等他们长大成人，纷纷离开你们时，你们又重新属于彼此，不过那时，你们马上又要面对一大帮孙子孙女、外孙外孙女，然后终于可以在操劳25 年之后，头一回好好清扫一下自己的家。

现在想想，妈妈们在我的整个生命中真的是太令人惊讶的存在。

我的母亲们、祖母们都是超级有能力、有魅力的人。我永远不会忘记在自己成长的道路上她们曾经展现给我的那种拼搏和坚韧。她们的集体智慧更是惊人，她们之中，有老师、企业家、合伙人、法官、房产经纪人、管理者。她们不论工作还是家庭都打理得井井有条，虽然她们这一路走来得并不容易，但她们带着勇气和决心，挥舞着手中的剪刀和饭铲，为了女性的一席之地，在这个社会上奋勇抗争。她们总是那么有担当，让女性不断地赢得尊重，也让"妈妈"这两个字拥有了更深刻的内涵。

女人生而伟大，尤其是在当了妈妈以后。当一个女人赚到了钱，她更可能会花在关爱孩子的健康、安全上。她们每赚到1美元，都会花80美分在自己家人的健康和幸福上（相比之下，男人只会花30美分，剩下的都挥霍掉了，呵呵呵）。但即便这样，无数妈妈依然在怀疑着自己还有哪里做得不好，会为自己多买了一件新衣裳而感到不好意思，似乎那些钱更应该用到孩子身上。现在，我非常认真严肃地想对这些习惯了"先孩子后自己"的妈妈们说一句：去买新衣服吧！你是妈妈，但你更可以是个漂亮妈妈！去和你的闺蜜们约会吧！你是妈妈，但你更可以是个热爱生活、有着一大帮铁杆闺蜜的魅力妈妈！

我们这一代赶上了好日子。我们不必在温柔和强势之间做出选择，女权主义制造的那些紧张气氛如今已经没有了，我们可以二者兼具。我们享有过去几代人的胜利成果，再加上我们自己的希望，我们大可拥抱我们的天赋，照顾我们的家人。我很庆幸我的女儿这一代能够更常见到勇敢的女性。她们不会为一个差强人意的目标奋斗，更不会屈从令她们窒息的礼物，一遇到这些，她们可以撒腿就跑。

亲爱的妈妈们，请听我一言，你们真的很聪明、能干、坚强、有智慧。你们就是困难的粉碎机。你们可以释放无限潜能。你们可以把闺蜜们组织在一起，共同体会抚养孩子的乐趣，为他们提供最欢乐的童年。你们还可以飞跃重洋与世界各地的妈妈们交朋友。你可以做小事情，也胜任得了大事业。你无所不能。

而对于友谊的对象，你同样有权利进行筛选。如果有人总质疑你的育儿方法，让你觉得自己似乎有点不行，那就拉黑他，因为真理永远在你自己手中，你只需尽己所能地展示自己，成为一名被认可的劳动者，那时你将不必再感到羞愧。相信我，你完全可以找到自己的角色。想想看，如果没有你，还有谁能给你身边的人带去希望？谁还会有勇气面对艰难的岁月并且放声大笑？谁还会像你这样强悍地把孩子养大？还有谁，会为你身边人和你的家负责？

只有你。

我亲爱的闺蜜们，我会与你们同在。我们可以一起养育所有的儿女、子孙。我们可以为彼此加油，拒绝一切对自我的质疑。当你害怕的时候，我会大声告诉你："你可以的。"当你悄悄对我说出你梦想时，我会向全世界宣布："你真是好样儿的！"当你被打倒时，我会提醒你，你不必为此感到羞愧，这没什么。我们可以互相鼓励，昂首向前，因为真理就在我们手中。让我们只去完成命运安排我们做的那些美好之事。摒弃任何"你不够好"的声音，站在真理这一面。

但如果你需要争辩，需要和谁一较高下，那就去吧，但争吵于事无补，你还有其他很重要的事情要做，不能把几年的时间浪费在遗憾、羞耻、不安和恐惧之中。勇敢地面对你们的难题吧，因为真理和爱永远会赢。

我相信你们已经准备好了，不是吗？我听到了你们的声音，看到了你们的梦想、愿景和兴奋的样子。好多时候，我都被妈妈们的力量震撼得目瞪口呆。她们不断克服着、坚持着、忍耐着、闪耀着、冒险着，她们从世界各地站出来，发出自己声音。她们在辛苦生活的同时，从不曾放弃追逐梦想的权利。我经常感到惊讶。这个时代的妈妈们都在积极地面对生活，而不是唉声叹气、泪水涟涟，她们都在努力寻找爱自己、爱孩子、爱家庭、爱他人的方式。

　　妈妈本就应该是一个整体，因此，你和你的闺蜜们，不仅不该因为孩子而疏远，正相反，你们应该因为孩子而更加亲密无间，因为你们都是妈妈，你们更懂得彼此，你们更能共同面对未来的各种难题，并携手解决。

　　如果女人真的撑起了半边天，那就让我们的胳膊举得再高些吧！手与手握得更紧些吧！

　　让我们精彩地过我们的生活。不畏惧共同开垦一切艰难险阻——失败、损失、伤口。这些艰险是上天赐予我们的礼物。

　　这是我们自己的生活，它野蛮，而珍贵。

"做个内外兼修
的妈妈"
吓哭了多少人

第10章

我们才不是
连鸡蛋都不会打的女人

"妈妈"这个词，放到世界上99%的场合，都是个褒义词，但只有一种情况例外，那就是在广告商眼中。

天啊，谁知道他们为什么总要把妈妈塑造成那个鬼样子：穿着一成不变的宽松外衣，头发干枯脸色暗黄，对着一屋子乱跑乱叫的小鬼唉声叹气。

虽然这确实是每个妈妈可能经历的瞬间，但是在广告商的眼中，"妈妈"便意味着灰头土脸、脱离潮流、被家务事缠身到想死。也正因此，他们的广告词中经常出现"解除妈妈烦恼"、"让你成为性感辣妈"这样的字眼，找来的那些女演员全都身材凹凸、面庞精致、一件衣服随随便便就是秀场同款（我怀疑那些女演员连孩子都没生过）。

在这样的鼓动下，很多妈妈简直分分钟就要爆炸："天啊，相比起来我真是个糟糕的妈妈，我的孩子会鄙视我的，不行，我得赶紧打电话订一个。"

呵呵，最得意的应该就是广告商了吧，他们成功利用妈妈们复杂的心理，一次次卖掉了那些奇葩鸡肋的产品。

下面就说说我对这些产品的看法吧。

我亲爱的读者朋友们，早年间有一个被商业广告包装到连亲妈都认不出来的爆款神器，不知道你们听过没有，它叫美发摩丝。（好吧，又一次暴露了我的年纪。）

而我想说的是，在当年，各色摩丝产品铺天盖地迷人眼的时候，我，一个很努力想要变美的年轻妈妈，不仅成功搭上了这趟 fashion 航班，还把自己活脱脱打造成了一个行走的发型模特。那会儿就是有股迷之自信，感觉自己顶着一头新发型，分分钟就能一边给孩子喂奶，一边混迹社交场谈笑风生了。现在再看，呵呵，感觉自己就像智障。

对于广告，我在这里忍不住想叨叨几句。我知道，**我们人类生来就有一种把事物描绘得脱离它本来面目的语言能力，**但我尤其想要提醒广告人的是，沉浸在广告所营造的氛围中太久，就会忘记现实世界中普通消费者的需求。

是的，我们老了，可我们还没老糊涂。当你们用自己新创的名词来兜售所谓新产品的时候——什么胶原蛋白，什么脂质球体之类的，我能说，真的，就差 0.01 秒我就要彻底被惹怒了吗。还有，当你们信誓旦旦宣扬着你们发明的"天然保湿因子会明显改善手部肌肤，复原年轻态"时，你觉得我们会信吗？岁月几十年在我们脸上留下的烙印，用一用你们的保湿因子就能轻轻松松地抹掉？好吧，反正我是不信。除非你有台时光机，否则这些皱纹和黄褐斑是永远赶不走的。

还有，我想说说广告代言人。你们真的不是在胡闹吗？随便从这些人里单拎一个出来都是皮肤能掐出水的年纪，花样少女说的就是你吧，可是凭什么，你们却在给抗衰老产品做广告？分分钟感觉自己的智商受到了莫大侮辱。拜托那些还没做妈妈的年轻姑娘们，唯一能帮你们这些大学生对抗衰老这个恶魔的，不是死贵死贵、一盒需要拼命省钱一个月的眼霜，而是你们的青春！青春！好吗？如果什么时候珍妮弗·洛佩兹开始用欧莱雅洗发，哈利·贝瑞真的用美宝莲睫毛膏，我才会信服你们的产品是真的强大。

但说心里话，当真有人会不知道那些所谓辣妈身后都至少有一个专业美容塑形团队走哪儿跟哪儿吗？她们才不会从什么连锁店买保养品。莎拉·杰西卡·帕克的头发也铁定不是卡尼尔 60 号天然棕。我们宁愿你们承认："伊娃·门德兹其实并没有用我们的唇彩，她的唇是漂的，但我们承诺赠送每一位购买我们产品的粉丝一张她的签名海报以示感谢。"

我们是妈妈，我们希望自己是紧跟潮流的，但我们只想听真话。如果你说："该产品既不能抗衰老，又改善不了你的皮肤状况，但它在去除浴缸顽固水渍方面的确很有成效，这是我们能做到的最好的。"我可能会相信，毕竟，对于一个蓬头垢面、苦哈哈穿条破瑜伽裤、跪在浴缸里擦擦洗洗的妈妈而言，没有什么比这个更能解救她们的了。至少在我的生命中，擦洗浴缸这件事从来没有给我带来过愉悦感。

还有那些广告中的演员，呵呵，才不信他们能像电视里演的那样一只手抱着孩子、另一只手就将全世界搞定呢！将这些人打回现实的，可能是一个非常细小的任务，比如开个遥控器或是切个西红柿什么的，就能分分钟让他们崩溃。而且说实话，**生活中确实有很多麻烦的小事，东一件西一件的，当我们一样样去做的时候很容易就会失去耐心，但它们并不足以成为生活的困扰，也不会大到令一代人都无法驾驭。**事实上，很多麻烦的小事都被别有用心的人过分地夸大，他们号称"打蛋器能搞定厨房里最麻烦的任务"，但这样就能提高国民做饭水准吗？抱歉，我只能说，你们的广告实在太不接地气了。

妈妈们，听我说，别再被无良广告商遛着走了。他们先是用直白的语言轰炸我们，让我们羞愧，让我们无地自容，让我们觉得自己身为妈妈弱爆了；接着又用花言巧语哄骗我们，说我们只要用对了产品，胖了可以变瘦，老了可以重返青春。即使我们的头脑有意识到他们在对我们进行愚弄，也知道那些美到惊艳的宣传片背后究竟藏着哪些真相，可我们的双手还是忍不住要掏向钱包。我们就是忍不住去相信他们。

"你不够漂亮，但我们可以帮你变美。"

在这些广告商看来，我们的现实生活如此不堪，但幸好有他们的帮助，尤其我上面提到的厨卫电器行业，妈妈们绝对是他们的最大目标人群。**我承认，如今的我们不可能再像从前的好几辈人那样天天下厨做饭，但广告商却想方设法地大肆渲染我们这一代的妈妈，连好好做一顿早餐的能力都没有，拜托，这也太夸张了吧！**

"啊，打鸡蛋？这我们怎么可能会呢？！早餐不就是简简单单喝杯牛奶吃块面包就解决的事儿吗？整那些鸡蛋干啥用呢？我们可不会呀！啊，帮帮我，快告诉我们你们新研究出来的这一套搞定食材的好办法吧！"

要我说，就这会儿废话的工夫，把蛋煎好塞进切片面包里总共也要不了 3 分钟。

所以别再说些废话了好吗。我们女人自打被创造出来就有做饭的天赋，尤其是在当了妈妈后，更是会实现不断飙升。那些号称用了他们产品做饭就能超越人类极限的人，我只能说，呵呵。而为了包装他们的产品，广告商们从来都不吝啬于使用"快速简单、零烦恼、几分钟就好、只需加热即可搞定"这样纯忽悠的词。是啊，在一个忙碌的妈妈看来，这样的迅捷是多么必要，但你真的想要那样吗？**什么时候切洋葱、削胡萝卜皮变得那么可恨了呢？**我们的祖祖母、我们的祖母、我们的母亲……世世代代的女人不都这样做饭给她们的家人吃吗？也从来没见用过什么外太空来的神器！

我也不喜欢广告界人士刻意描绘出的那副"忙忙碌碌、不断奔波在厨房卧室、又要做饭又要照顾孩子、分身乏术、最后崩溃大哭的妈妈"的场景。我不喜欢烹饪被描绘成一件难以忍受的事，一个好像专业人士才能完成的任务。我当然更不喜欢广告商们给出的解决方案——妈妈们，买我们的产品吧，然后就是见证奇迹的时刻。

这太夸张了。**做饭不是一种痛苦，我们不是连打鸡蛋都不会的女人。**事实上，对我来说，没有什么是比做饭给大家更美好的事情了，也没有什么能比打开本·霍华德的音乐，倒一杯红酒开始一顿晚餐，更能令自己放松的方式了。有时候，只要将洋葱和大蒜一起丢进橄榄油里，你的幸福感就会倍增。想想看，一代代人就是这样被养大的，做饭其实一点也不难。

而至于那些一天到晚说我们当了母亲后，就不够漂亮、不够年轻、身材不够好、不够迷人的话，还有那些暗示我们无法照顾好自己家庭的话，统统都是鬼话。你不是一个彻头彻尾的灾难，说这些话的人才是！ 没有人比你更强大，那些困难你都可以克服（有些"困难"其实是很"简单的事"，只不过被人为说成了不可能。）你是妈妈，你一个人的力量就顶得过一个公司，所以不需要听那些人讲的小伎俩，现在的你就足以过上美好、有意义的人生。我们完全可以发扬自己所长，而不必活得像个小丑。

但有一个例外，亲爱的妈妈们，因为我的白头发已经有一英寸长了，所以我只好去把它们染黑，嘿，效果还真挺好的，不愧是卡梅隆·迪亚兹用过的牌子啊。

第11章

妈妈圈和时尚圈
差着多少个光年

身为妈妈，为什么要学习时尚潮流？

为了做一位青春无敌的美丽妈妈，让孩子骄傲地告诉所有人："看见那个最漂亮的人没有？那是我妈妈！"开玩笑的，虽然所有妈妈都希望能被孩子这么称呼，但是这不是我们关注时尚的唯一理由，我们的嗅觉神经不仅是为自己，更是为了我们的孩子。

难道你希望自己的孩子丝毫没有时尚感，连一套出彩的衣服都搭配不出来？

来来来，亲爱的妈妈们，下面我们就来聊聊这个很重要也很紧迫的话题——关于时尚。

它既是关乎我们的门面，又是我们向外推销自己的重要筹码，所以这个问题真的很重要。而我之所以说它"紧迫"，当然是因为迫在眉睫！这个问题必须解决掉！认真的，我们不能再祸害下一代了！不能再让他们像我们这一代人一样继续被错误的观念所误导，不能任由那些定期从 iPhone 和电脑端喷射出来的潮流风向，继续冲击我们的文化。还有那些时尚垃圾，垃圾！（原谅我的咆哮吧，我实在快要看不懂你们时尚圈了啊！）就让它们终结在我们这里吧。

而且我有 99.99% 的怀疑，在这一问题上你和我一样，都既是声讨者，又是共犯。所以这不仅是一次宣言，更是一次忏悔。我们必须悔改，并扫除以下时尚垃圾，看在我们是妈妈的份儿上。

首先，一个大写加粗下划线的垃圾——**打底裤当裤子穿（异曲同工的还有裤袜当裤子穿）**。天啊，这两种穿法已经完全超脱了"悲剧""灾难"，分分钟就能摧毁地球了好吗。讲真的，打底裤当裤子穿就足够毁三观了，不要再让我去研究把裤袜直接当裤子穿，这二者无论哪个都太太太太可怕。如果非要做出选择哪个更好一些，嗯，我选择把双眼戳瞎。

不过，有一种情况例外，那就是如果你的私处至少是被衬衫、毛衣或连衣裙盖着的，那么把打底裤当裤子穿，OK 的！再具体点，这里所谓"私处"，是指大腿根部以上、腰间赘肉以下的部分。请遮住它们，拜托！我并没有很想看到你的"私密地带"，也不想知道你今天内裤穿什么颜色是什么形状（或许你根本就没穿），我只想单纯地购个物。除非你是杰西卡·阿尔芭。为什么不搭一件长衬衫呢？这样配打底裤，至少是不错的穿搭。

再有裤袜当裤子穿……苍天啊，这到底是哪位大神的发明？好好好我知道，货架标签上是写着"不透肉"，所以呢？它还是透肉啊！没错，它很结实，也是黑色的，那又怎样？别忘了，它们始终是由透明纤维织成的。换句话说，它们还是能被透视的啊。尤其是你大腿上此起彼伏的赘肉，对不起，我无意中伤你，但它们的确已经把那条"结实"的裤袜撑得又薄又透，春光尽露，一览无余了。不信？找个信赖的朋友问问吧，这可是考验你们友情的最佳时刻哦。

我们继续。事实上，我或许能捕捉到人们爱穿打底裤或裤袜的点，因为它们真的超有弹性啊。没错，我们都爱有弹性的裤子，所以我经常穿健身裤。你可以叫它运动裤，也可以叫它瑜伽裤，或是居家裤什么的，总之，它们都是有弹性的，因为很显然人们穿着它可以轻轻松松深蹲跳跃。

然而，健身裤不可避免地会突出我在上面提到的"内裤线"，也就是那两片被内裤勒出的"上下屁股"，它们本来就是我们身体上肉最多的部分，却被内裤毫不留情地分割成了多边形。厚厚硬挺的牛仔裤可以将它们掩盖，但有弹性的健身裤却不能。它们好像在告诉全世界："这就是被我的内裤挤出来的肉，它本来长在屁股上，却被挤到了大腿上。"

但我不打算解决这个问题了，因为我已经四十了，对于自己是否具有视觉吸引力早就不那么狂热。如果在健身房锻炼，刚好你站在我身后（好吧，可能你就像站在一座邮筒后面），我只会因为挡住了你的视线真心道歉，却坚决不会放弃我的内衣和有弹性的裤子。所以，这可能成了一个僵局。但是，抱歉。因为在写这篇文章的时候，我就一直穿着正装。说实话，太痛苦了！我虔诚地祈祷，等这本书一出，就让这些正装尘归尘、土归土吧。

话说回来，我之所以开启这个话题，是因为我希望你们可以和我一起，怒赞高腰牛仔裤！讲真的，我无法忍受一切低于40厘米的裤腰，如果再往上加7厘米，分明就是一条得体的西装裤了啊。当然，如果你有马甲线A4腰，那么你瘦你高兴就好。但如果你是大屁股人种，相信我，高腰牛仔裤无疑是史上最佳"盛储容器"。听着，我指的是屁股，是屁股，不是腰。我知道，有的人腰很细，但你的屁股可相当于半个身子的长度了哟。

当然，不只我们女人是时尚的牺牲品，男人也逃不掉。最灾难的是"男士紧身裤"！好吧，我冷静。作为一个成熟的中年人，我就想认真地问一句，到底是哪位奇葩设计的这种裤型？还有男士七分裤！男士裙裤！天啊，可不可以让这世界恢复它该有的样子！那些紧窄的七分裤看上去真的太憋屈了啊，还有那些裙裤，拜托，它只会让你更中性，而不是花花公子。要么短裤！要么长裤！只选一样吧男人们，不要让它们捣鼓出一个七分裤宝宝。

顺便说一句，我对男士礼服很有好感，但今天先不说这个。

我想再说说孩子们的着装问题。在我生活的这个城市，尤其是公园里，你能看到很多就像刚从高端家居广告中走出来的孩子。他们一条随随便便的领巾，就可能需要预订一个月才戴得上。没错，你看着他们，会忍不住赞叹，嗯，精致，有品。但我们在他们的脸上丝毫看不到快乐。显然，他们的装扮根本就不适合这个场合好吗？更何况，他们身后随时都会传来妈妈的咆哮："阿什比，不可以！你弄脏了你的领巾！"

所以，拜托，妈妈们，消停会儿吧。很多时候，你的孩子们只需要一件简单的 T 恤和牛仔短裤。他们是个儿童，不是天天需要走秀的明星。少给他们戴点儿软呢帽吧，也少给他们的头上抹巴西焗油，他们理应得到他们该有的童年。

最后，如果这一章的内容有任何失礼之处，我向大家道歉，包括我对人们过度打扮、戴过多头饰、穿 T 恤必须配条项链、在不恰当的场合穿夹脚拖鞋等等这些穿衣搭配习惯的诟病。当然还有那些紧身裤。好吧，我也过分打扮了我女儿，作为一个小婴儿，她可能不需要复杂的发饰、蓬蓬纱裙、条纹吊带袜和玛丽·简鞋子。

　　但无论如何，我从来没有让我家布兰登穿过男士紧身裤上过街，所以看在我为市容市貌做出过贡献的份儿上，请原谅我的无礼。

114

第12章

假如有一天，
你的衣袖里
伸出一双老太太的手……

女人最怕什么？

女人怕老，怕自己不再美丽，怕因为青春逝去，而随之失去很多东西，比如自信，比如孩子的崇拜，比如异性的爱慕……于是，护肤品专柜上的除皱霜、抗衰精华总是贵得让人咬牙。

尤其是在当了妈妈后，当我的孩子一天天长大，"年纪"对我而言，仿佛成了一件尴尬事。我几乎可以脱口而出孩子的年岁，可是问到自己的年纪，竟尤为迟顿。这就是我的现状。且不瞒你说，我正经历着初老来临的创伤，不知如何是好。它在我毫无意识和准备之时不断地、突然地袭击我，每一次都将我放倒在地，每一次都犹如初次般痛苦。可即便如此，我依然无法适应这样的事实。老实说，我有时担心自己的年龄，胜过担心孩子们的饮食起居，孩子们总会长大，可是他们妈妈的青春却一去不回头。

尤其，我常常就这么眼睁睁地看着——从自己的衣袖里，突然伸出来一双老太太的手。当我工作着，嗒嗒嗒，突然，我看见一双老太太的手在打字；当我伸手去够盘子时，吭啷啷，又是一双老太太的手在下厨。这双手真是够了，皮肤松弛，静脉曲张，天哪！这到底是怎么了？是哪家老太太的手，竟然还戴着我的首饰？等等，这会不会是一场阴谋？一定是有人移植了一双别人的手在我身上……

好吧，我承认，我今年四十了。40！想想多么奇怪啊，我一直都那么年轻，怎么竟也到了这个岁数？好啦，至少在我的概念里，"我很年轻"一直是个不争的事实。难道不是吗，我还在迷 Paul Rudd，还在自编自唱 Rap。然而，客观年龄还是让我步入到了"中年人"的群体。我的大脑对此一时不接受，那是因为我幼稚了，但在这件事上，我的双手一点儿也不会扯谎。

我也知道，年轻人，在你们眼中，我已经是只地地道道的大婶儿，即便在算术层面上，你们赶上我也不过是十一二年后。但是没关系，我懂，毕竟从你们的年纪过来，我也曾笃信自己永远不会到达四十，笃信每天清晨叫醒我的不是闹钟，而是天使的一记吻，笃信自己的皮肤永远娇嫩如水，自己的双手永远如婴儿般光滑。总之，那时的我就是莫名地觉得，40 岁很遥远，中年生活很可怜，你仿佛已经看到他们的一只脚踏进了坟墓，妈呀，我快哭了。

而如今，当我看着越来越高的孩子们时，我不得不承认，自己不仅是个妈妈，也是个青春不再的女人了。

如今，让我来说说人到四十的体会。即使你是位年轻的妈妈，不妨也仔细看看这些话，不是想吓唬谁，但你需要知道一些真相，一些关于人到四十的真相，而不是在 11 年之后掰着自己的手痛哭："为什么从来没有人告！诉！过！我！"

首先，你会发现，你的大脑发生了一些奇怪的事情，它好好地服务了你多年，但现在学坏了，开始搞破坏了。你记不住方向，忘记自己为什么走进某个房间，不记得你家老三的名字（去把垃圾扔了……那谁……克里斯？）。你明明身上揣着手机却满屋子乱找。有时你丈夫说了一句话，你一脸懵懂地盯着他，然后不停揣测：他想说什么？这话什么意思？又在打什么鬼主意？这种根本无法沟通的感觉，有没有？

然后，就是用脑子这件事。过去二十年，你的脑子很忙，任务也很艰巨。它肩负着你全部的学习压力，替你消化了代数、化学和一切需要记忆的知识，最终辅佐你考上了大学。你们默契十足，一路平趟，从激烈到平淡，原以为就这样携手相伴，不料最近，脑子突然撂挑子不干，你的智商一秒下线回到公元前。那些斑斑点点的数字是什么来头？加减乘除氢氧氦钠又是什么鬼？你很气愤，需要帮助，可是脑子就像月底见了底的钱袋子——完全不够用了。

还有一些真相，让我一点点揭穿。比如，等你到了我这个年纪，就别再想过什么随随便便节个食就能减掉 6 磅的日子啦。不信？我也是这么想的。然而，天真啊。原本我坚信，只

118

要在饮食上稍作调整，并结合慢跑，一定能在下周二之前把自己装回那些紧身牛仔裤里。可现在，让我告诉你什么叫被自己打脸！就是你吭哧吭哧连续6周，每天只吃400卡，踩着棉花似的扛过一顿又一顿，终于减下来3磅，却因为多吃了半根玉米，隔天又立马胖回去了17磅！17！磅！擦干眼泪你会觉悟，我们的身体再也不是个听话的主儿了，它似乎对所有饮食计划和紧身牛仔裤失去了高潮，转而痴迷上赖在BF衬衫或是老公牌T恤里的那种肥胖而欢愉的状态。所以，偷偷告诉那些年轻的妈妈们，不要因为你当了妈妈就懈怠自己，你还年轻，还年轻！好好享受你们现在年轻的肉体吧。尤其遇到全身镜，千万别忘了全方位欣赏一下自己的裸体。穿着你的比基尼去买菜，多拍照，因为有一天，当你看到自己29岁时的照片时，一定会盯着那两只白嫩嫩滑溜溜的大长腿吧嗒吧嗒落泪。

还有什么？啊对，皮肤。呵呵，你们现在还泡在青春的泉水里，什么冰肌玉肤滑腻似酥肤若凝脂手如柔荑，好啦我知道！是你是你还是你！但是别怪本妈妈没有提醒你哟，一定要好好照顾自己的皮肤。好啦！你们永远不会老！永远不会有皱纹！永远不会变黄脸婆！真的！你们开心就好！因为要不了太久你们就会发现，皮肤这个东西很奇怪，当你站在浴室的镜子前，明明觉得自己容光焕发，美得刚刚好；可一旦你看到照片中的自己时，就会开始受不了，一会儿说角度不对，一会儿说光线不好，"看，这脖子上的阴影也是够够的了吧"，你还会说"我爱死安妮了，只有她最会用滤镜"也是蛮心酸的。有时候，为了让自己身体的某些部位别瞎出乱子，我会很温柔地安抚道："亲爱的小腿，我就指望你了，可别学脖子、眼皮、胸这些小妖精，你一直都对我很好不是吗？好宝贝，乖乖哒，你是我最后的希望。"

想知道我内心的阴暗一面吗？

现在我发我和孩子的合影，一定首选我显得比较年轻的那一张，如果都不够年轻，那就用修图软件让我心想事成，至于孩子们——拜托，他们已经很年轻了好吗？

是不是吓到了？对不起，我不是故意的，但我是有意的，因为迟早有一天，你们也会变成像我一样古怪的老奶奶。没错，现在的你们，年轻！漂亮！活得灿烂！要么大喊着"出去玩！去发光！"，要么待在家吃喝拉撒不挪窝。但几年以后，你们就会冲着孩子们叫嚷："喂楼上的年轻人，楼下有老年人好吗，安静点，我们需要休息"。而这，就是四十岁的真相。比如上周，我的一位闺蜜，心血来潮和她丈夫去健身，最后累得整整三天才从床上爬起来。而布兰登，为了能让我坐着看完一场乐队演出，特地买了最前排的 vip 票（讲真的，我早就忘了自己一连站仨小时看演出是发生在哪个年代的事了）。相信我，这就是你的未来，你会开始想要避开人群，会看不惯现在吵闹的年轻人，会瞧不上他们幼稚的音乐，还会像个忍者一样悄悄溜出派对，回家看《老友记》。无论如何，心平气和地接受吧。

我知道，这么多年，你一直紧跟潮流，但是一到 40 岁，你竟发现自己完全不认识《美国周刊》的封面人物了，还有这些十来岁的偶像歌手又是谁？怎么现在屁大点儿的孩子就开始参加电视秀？现在娱乐圈最红的是谁？是那个叫艾玛的吗？最流行的歌是什么？我没看过那个热播剧啊，这个演员演过什么？我都不知道。我依然每晚看重播的《老友记》，那又怎样。

听到这些，是不是很沮丧？分分钟都不想活了有没有？但是，听着，**四十岁的生活并不全是坏消息在等着你。** 你不会只是一个戴着眼镜找眼镜，满脸皱纹、胡思乱想的老怪物，步入中年还是有很多好处的。

　　首先，**这时的你对自己有了合理的定位，包括你是谁，你擅长做什么，什么是你所爱的，你的价值观是什么，以及你想过怎样的生活。**这些问题曾一度令我彻夜难眠。如果你也曾不断地为你的人生目的、人生轨迹、身份认同和价值体现而忧愁，那么40岁则会带给你无与伦比的安全感。就像如今的我，心里很清楚自己擅长做什么，并且一直努力地做着。我毫无愧疚胆怯、十分笃定地走在自己的人生路上。我不再蹑手蹑脚地过生活，不再对我所拥有的和我所处的位置充满怀疑，不再畏首畏尾，对于生活，我勇敢追求，抓住机会，大胆祈祷，敢于梦想。当你到了40岁，就再也不愿活在被别人许可的生活里。

　　同样，**如今的我也不会再受到周围的影响**——这是20岁时的我无法比照的。那个时候，我很容易就会被别人的成就所干扰。其他人是我行为的准则，攀比之心终年不散。我嫉妒、刻薄，喜欢模仿别人，在这上面浪费掉很多时间，唯独就是找不准属于自己的节奏。每当为别人的成就庆祝的时候，我的内心总是很矛盾煎熬，因为他们越是成功，就显得我越无能。现在，面对朋友和同事的成就，我可以自由地、毫无保留地为他们欢呼，心中再也没有从前的纠结。每个人都可以自由地做自己，我为我们所有人感到高兴。

另外，**年过四十的你做人也更具弹性了**，再也不是十年前那个迫切需要得到认可的青年。那时的你，一个小小的批评都承受不住，激烈的冲突更是分分钟将你击垮，你不允许任何不同意见的存在。因此，每做一件事时，你都尽可能选择最安全的路，以免受到责备惹人唏嘘。可是一旦过了四十岁，你会惊讶地发现，自己根本不会在意别人对于你、你的父母、你的婚姻、你的事业、你的朋友圈、你的房子、你的头发、你的孩子、你的选择、你的狗、你家新装的红色大门、你租的公寓、你穿的裤子、你女儿的头发、你儿子的癖好，你是选择私立学校还是公立学校，你打算吃素的决心、你对做什么不做什么的决定等等的看法。这已经不是你在乎的了。别人要是不喜欢，那就随他们去好了。这并不是说你成了一个无可救药、不可理喻的人，而是说不同的意见再也不会左右你的决定了，批评的声音你可以毫不理会。相信我，这种感觉很棒，你会爱上它的。

而最最重要的是，时间让我们成为了妈妈，一个个孩子的降生与成长，让我们懂得敬畏生命，懂得了责任的意义，懂得付出与耐心。青春的逝去，就是我们为孩子成长所付出的代价，虽然我们会为此时不时黯然伤神，但更多的时候，则是为了孩子们不知不觉绽开了笑容。我们的每一条皱纹凑在一起，就拼出了"妈妈"这个词。

而今，你终于安定下来。你的孩子、丈夫、你营造出来的生活……面对这一切，你只想说一句：感恩！你会更加心平气和地告诉身边的人，匆忙是多么不对，大家要珍惜相聚的时光，呼吸感恩的空气。这是你的地盘，他们都是你的人，这是你美丽、珍贵的生命。或许以上你只做到了一半，你就已经可以放下焦虑，更加满足了。

安妮·迪拉德说得对，**"我们如何过每一天，就如何度过我们的一生"**。你要你的每一天都有笑声和仁慈，力量和安全。你也意识到了危险、冲突和嫉妒，也活在不断的比较之中，即便这最终变成了你全部生命的定义，那又怎样，这并不是你希望留下的。让傲慢无礼的年轻人去一决雌雄吧，你只管和你爱的人们好好喝一杯。

我知道，听完这些，你的身心可能受到了巨大的冲击，但你的皮肤是真的不会像 20 岁那样光滑了。你会喜欢你此刻的样子，你会更加懂得如何去爱，你会站得更高，笑得更大声。现实生活会慢慢调和你的傲慢和恐惧，你会崇拜这个新版的自己。我们都会，你的孩子，也会。

但以防万一，你最好每天都涂防晒霜，看在爱的份儿上。

第13章

当我在说感谢的时候，
我在想什么

《吉米秀》是我最爱的午夜档。其中的"感谢语"环节，吉米以"感谢"之名行讽刺之实，简直帅得不要不要的。如果模仿能表达我对他最忠诚的仰慕，那么下面你们看到的可能就是完全的剽窃。

咳咳，请听我—— 一个妈妈发自肺腑的感谢。

Spanx（美国知名内衣品牌），谢谢你。因为你，我生过孩子后的体型，居然可以恢复得就像一个苗条、性感的果冻……呃，虽然只维持几个小时。你的塑型能力实在太强大，强大到我几乎无法呼吸！愿你继续你神圣的使命，成为去除腰间赘肉的鼻祖。——所有爱你的女人敬上。

"一日之计在于晨"这句箴言，谢谢你，你让人们反复纠结是该多睡一小时，还是把这宝贵的一小时用来教育孩子。其实孩子并不关心这个，如果我喜欢，我的孩子凌晨 4 点照样可以在我的床边蹦跶。——向你致以崇高敬意的、疲惫的妈妈。

各种警告标示，谢谢你们。如果没有你们，我可能会把我的孩子淹死在洗衣机里，可能会默许他们在燃气灶旁玩儿火，可能会在睡觉时让吹风机一直开着，或者，天哪，我可能不知道鸡还会下蛋！没有你们我简直不知道该怎么活。

Instagram，谢谢你，是你帮我把照片处理得那么美，让我看上去更年轻、肤色更健康、更苗条，就像是没有生过孩子的少女。自然光可能是我的克星，但 Lo-Fi 滤镜却是我最好的朋友。——爱你哟。

零售商店，谢谢你，10 月份就开始卖圣诞装饰品了，以致我的孩子们在万圣节还没来之前就开始疯狂花钱。现在的商家绞尽脑汁，让孩子们看到什么都大叫："我要买那个！圣诞节要用！"整整三个月。太好了。——一位试图教导孩子们要勤俭节约，却不得不跟迪士尼限量款长袍作斗争的妈妈敬上。

亚马逊 Prime 会员制，首先，感谢你的存在。其次，感谢你给了我一个为贪图"免费送货"而把所有书都买了的机会。最后，感谢你让我不用下床就能买到孩子们的所有用品，顺手还买到了男士内衣、鱼肉酱、卫生纸和文件夹，然后分别用 4 个箱子把它们快递过来，并且没有一个箱子跟它里面装的东西是大小合适的。感谢你给我这个懒癌患者带来如此多的惊喜。做我男朋友吧，在我睡懒觉的时候，记得顺便帮我照顾好我的孩子们，亚马逊 Prime。

马克西礼服，谢谢你在需要正式着装的场合帮助了我，让我彻悟不管自己怎么努力，都还是跟穿着睡衣出现在公共场合一样。基本上，你就是一条没有裤裆的瑜伽裤嘛，怪不得我的孩子们会对我做出那样的笑脸，来来来，我向你致敬。

生理期 app，感谢你在每个月的那几天都记得提醒我老公做事说话要小心，免得说错话惹得老娘发脾气。最让他愁烦的是，他不知道如何将这个重要信息告诉孩子们，毕竟讨论妈妈生理期这种事情，还是太刺激了——一个丈夫的妻子敬上。

下午 4：00，我要谢谢你，因为每天这个时刻都是我最困惑的时候：我到底是该先辅导孩子的家庭作业呢，还是该先准备晚餐呢。我已经累死了，而且无比烦躁。孩子们吵吵闹闹，而我的丈夫仍在他的办公室奋战，完全听不到我的呼救：赶紧回家，再不回来就要出人命啦！

谢谢你，咖啡。谢谢你为我做的一切，无数个照顾生病孩子的夜晚，是你让我得以精神矍铄地散发母爱。你让我的生命成为可能。虽然这话有些奇怪，但你真的是我的灵魂伴侣。我爱你。

谢谢你，健身房，感谢你给我看电视、洗澡、喝奶昔、读杂志——却从来没在你那儿健过身的机会，我们都知道这根本不是我去那儿的目的，对吧。

谢谢你，超市治安员。我知道我的小孩不应该站在购物车上，不该在结账之前拆开饼干袋的包装，不该爬到货架顶层，不该说别人怎么那么胖。实际上，我曾经教过我的小孩不要在走廊里大吼大叫，但还是谢谢你的忠告、批评和彻底的羞辱。——处于崩溃边缘的妈妈。

斗篷，谢谢你让人们"披条毯子就出现在公共场合"这种行为逐渐被接受，并顺势成为一股浪潮。同时，我也想感谢你的小伙伴——紧身裤，它让我遮在斗篷下面的大腿变得可爱、舒适。你让舒适的"时尚"成为可能，也让人们在吃自助时，可以毫无顾忌地再多吃上一口。

Facebook，感谢你最终证明了一个人在高中时代受欢迎其实没什么用。我会把这件事告诉我的孩子们的，只是希望等他们长大后，你还在。

我可爱的、快到青春期和已经步入青春期的女儿们，我的小宝贝儿，小公主，小魔法师，感谢你们提醒我，虽然我已经在这个世界活了四十多年，但我仍然有很多东西要学。只有你们俩能给我教训。谢谢你们在我试图弄清生活的样貌时，和我并肩作战。——爱你们的、可怜的、蠢蠢的妈妈敬上。

跑步机，谢谢你沦为我和孩子们的永久衣架（甚至还挂过尿布），还是最贵的。

谢谢你，公共浴室那个在我旁边大声讲电话的人，是你让我知道，这年头没有什么是秘密。现在，我不仅知道了你的消化系统问题，还知道了你的表姐露西嫁给了一个全家都讨厌的屌丝，而你，是绝对"不会为了一个蹩脚的婚礼就付 120 美元礼金的"。这八卦太棒了。

那些到现在依然在问我是否怀孕的人，谢谢你们，即便我最小的孩子都已经上三年级了。是你们帮我丰富了词汇量，因为需要不停地向你们解释，我对当妈妈这件事不是那么上瘾，我的口才不知不觉就得到了锻炼。

谢谢你，八年级数学，是你让我深切地感受到戴紧箍咒是一种什么滋味。我有 2 个硕士学位，但就因为所谓的什么"新数学"，我 13 岁的女儿现在认为她比我聪明。酒在哪儿？快让我喝一口！——真诚的父母敬上。

谢谢你，瑜伽裤，你让我看起来好像很苗条！也让我看上去像极了一个生活习惯很好很健康的人，尽管我基本都是穿着睡衣完成所有工作的。我知道，我油腻腻的头发和还没卸干净妆的脸，可能稍微出卖了我。那又怎样，瑜伽裤，我爱你，你就是我的制服。

二十多岁就年少成名的人，谢谢你提醒我为什么从来不想再过一遍我的 20 岁，不会平生头一次那么羡慕嫉妒自己的孩子，然后再良心发现地责怪自己不该如此。15 年后，你再也不会一周连续六个晚上喝伏特加，再也不会忘记穿内裤，再也不会像头倔驴似地在推特上跟人吵架。

　　免洗洗发水，谢谢你让我今天早晨能多睡 40 分钟。因为我没洗澡这件事只需要天知地知、你知我知就行了，不需要让其他人知道，我还要在孩子们面前理直气壮地说："你们学学我，注意一下个人卫生好不好。"

　　感谢你，待办事项清单，我之所以使用你，只是为了满足自己在列表上划叉叉的欲望。我并不指望你能理解我的神经质，但我欣赏你这种积极有规划的生活哲学。其实我要做的事根本没几件，所以要感谢你给我的这种小小的成就感。——将"制订菜谱"、"去邮局"、"给老师回邮件解释我家小孩为什么上周一请假没去上课"统统都已搞定了的妈妈敬上。

　　感谢你，模糊的截稿日，因为你我才有足够闲心，去清扫家里奇奇怪怪的角落和缝隙里的污垢，让我在 90% 的时间里得以做个悠闲又优雅的妈妈。剩下 10% 的时间里则是个六亲不认的写稿机器人。你也帮我意识到，整理储藏室、把 Instagram 上的照片整理进文件夹、看看购物车里有什么待买的东西是多么紧迫。最重要的是，你点燃了我对所有的社交媒体的兴趣，所以谢谢你为我创造了这样的激情去不务正业。

Siri，谢谢你永远不明白我在说什么，谢谢你总是为我搜索到各种莫名其妙的网站。我丈夫的名字不叫伦登，我想去的地方不是"蠢货之家"，我也不想在中午 12:30 给我的家庭医生打电话（我说的是"女儿"！不是"医生"！害她现在非常非常后悔给了我她的手机号码）。见鬼，Siri。

拼趣网，感谢你推荐的海量时装和配饰图，它们给一个身材平庸的女人带来无限灵感，尤其是那些 XS 号的牛仔裤和紧身背心，我看也只有刚出生的婴儿能够穿得下吧。如果我把自己勉强挤进那套衣服里，呵呵，恐怕会很像一根快要撑破外皮的香肠。讲真，你推荐的这些衣服真的是打算给人穿的吗？

谢谢你，自动冲洗马桶。其实今天早晨上完卫生间，我真的只是想快速冲一下马桶。但就因为你，我大腿内侧就像浸到马桶里了一样。Surprise?！好吧，或许你只是想让我知道，原来我上的不是厕所，而是个大便盆。——刚刚在机场卫生间尖叫的那位女士敬上。

太谢谢你了短信，如果你有用的话，我就再也不必打电话了。把事情托付给你就像叫一个性格内向的人去执行任务一样磨叽。同时我也想谢谢emojis表情包，感谢你通过各种猫猫表情帮我表达内心的情感。你真的把我征服了，以至于我曾经整整一周都在用一个害相思病的猫表情去跟别人说话，直到我的孩子们忍不住问我最近到底是怎么了。

谢谢你，生病的老公，你不过是有点轻微的感冒发烧，我还以为你得了绝症呢！拜托，上礼拜我也得了链球菌流感啊，那又怎样，我还不是搞定了拼车、做晚餐、辅导孩子课业、陪4个孩子锻炼身体这些事，但你却因为喉咙稍微沙哑一点，就躺在床上一动不动，而理由则尤其充分：我不想传染给孩子。

谢谢你，百货公司，你闪烁的霓虹、暗黄色的装潢和泳衣试衣间里可调节的镜子，真是比最闹腾的儿童游乐场都让我炫目。这就是为什么每次逛街我都想来上一杯的原因。

谢谢你，自动回复，虽然我对收到的祝福都格外珍重，但当我面对 50 封这样的邮件时——"祝贺你""哈哈""谢谢你奥巴马"，真的，我的手指可以强大到用我在自卫课上学到的所有技能去删除它们。自动回复，你真的救了我的命。

谢谢你，蹦床、弹跳屋和活泼的健美操班，因为你们，我才意识到自己已经生过那么多孩子了。如果严重缺觉，脑细胞减少，或一副憔悴的妈妈样还不够的话，你一定会搞出新的招数来击败我。

地铁里卖三明治的小贩，谢谢你在开开关关烤箱的门的时候，在用脏抹布抹柜台的时候，在做我那一份食物的同时还掀了 5 次垃圾桶盖的时候，一直戴着手套，这让我感觉好多了。因为你有万能的卫生手套啊，很好。

谢谢你，读书俱乐部，因为你的存在，我和我的朋友们才能始终保持"我们依然酷，依然聪明，依然那么爱读书"的假象，其实我们每次参加读书会就真的只是吃吃喝喝而已。请不要告诉我们的丈夫和孩子们，因为我们都是骗他们说，这是一场很严肃的学习，我还让我的孩子们以我为榜样呢。

脸谱网小测验，谢谢你帮我鉴定出自己身上的迪士尼公主气息，找出我的曾用名，识别出我的神经错乱和我灵魂的颜色。而且这些测验只需要一个晚上，就能统统搞定。——你最亲爱的、患有阿里尔·哈丽特精神分裂症的、喜欢淡紫色的女人敬上。

谢谢你，男士紧身牛仔裤，你让一个有五个孩子的男人以为自己看起来像贾斯汀，其实他大多数更像《神偷奶爸》里的格鲁。哈哈哈，为什么全世界的妈妈都那么喜欢嘲笑孩子们的爸爸。

谢谢你，迪士尼电影，你让我的女儿们认为，所有的童话故事都始于"有一天，她的妈妈死了"这样的桥段，真是不好意思，我活得这么健康矍铄，耽误了她们成为公主或者王后。你还让我儿子认识了"丛林男孩莫格里"，他正需要一个好理由在他的内裤里乱摸呢。——想对孩子真诚地说一句"别再摸你的小鸡鸡啦"的妈妈敬上。

谢谢你，烤鸡和冷冻蔬菜，每次在纠结晚餐吃什么的最后一分钟，我都选择了你们。天知道你们解救了全天下多少妈妈。

谢谢你们，各种婴儿服。你们如此可爱，看上去烂漫天真，但你们纽扣做得实在太有玄机了，至少需要有工程学位的人才能弄开！而且你们的袜子也不是按照婴儿的脚设计的。所以，虽然你们很可爱，但每次我给宝宝穿衣服的时候，他们都会哭闹个不停。这些脖子上的项圈和裤裆上的带扣都是什么鬼？

我的美甲师，谢谢你总用一种悲哀和毫不留面子的语气问我是不是该修一下眉毛了。

生活一地鸡毛，
我们如何去爱？

第14章

没有人喜欢
那种抹杀自己的人，
即使是你的孩子

　　我的一位朋友最近有点小苦恼，她为了培养自己女儿的音乐品位，每周都带女儿去听交响乐。而为了做出表率，她每次都表现出很感兴趣的样子，但结果就是，她三次中有两次都睡着了——古典乐根本不是她的菜。

　　回想一下，哪位母亲不曾做过这样的事，强打精神做一些自己根本不感冒的事，只为了在孩子面前装出一个"全能高品质妈妈"的样子。而背地里，我们都快累死了。

我也不例外，想当年为了培养孩子们，我也妄图将自己修炼得样样精通，而今我已然放弃了，比如现在，对于爱看《美国偶像》这件事，我一点也不觉得丢人。虽然身边很多玩音乐的朋友都在吐槽"这节目毁原创音乐"，或是"这节目鬼扯，什么粉丝基础观众投票根本都是假的好吗"，云云。但讲真的，作为一个没啥追求的中老年观众，我就是爱看啊。

过去14季，我周周都在看！白天看，晚上看，仰着看，坐着看，电视看，笔记本看，总之就是看。里面每一位选手我都超级爱，他们很棒很棒，至少在我看来，他们都超有天赋。我被感染着，随着他们的输赢，陪着哭，陪着笑。每周如此。

不管信不信，我始终认为，我们人类生来就是要做一些什么事的。比如，上帝给了我们每个人天赋，让我们各有所长。于是，一些人发挥了他们的天赋，完美又极致；而另一些人，则选择祝福这个世界。我不喜欢人们轻视自己的天赋。要知道，**谦虚和没有安全感是两个完全不同的概念好吗？**没有人喜欢那种动不动抹杀自己一切的人，也没有人愿意自己的孩子在回忆或是谈到自己时，会觉得我们是一个没有生活情趣，没有特长，也没有故事，只有一把年纪的妈妈。承认吧，你并不想做这样的人。

讲几个我自己身边的例子。我认识一些非常擅长社交的女人，她们有的是对我非常非常好的朋友，好到我都觉得不好意思了；还有的就是那种，我一直羡慕的好妈妈型女人，好到什么概念——就是你随便扔她们一个下午茶的工夫，一套完整的、充满创意的、好玩的、又不失档次的宝宝派对计划就出炉了。对此，我除了献上膝盖外加手动点赞什么都不会。毕竟，我从来就不是一个有趣的派对妈妈。（而且说实话，我甚至怀疑自己根本就是先天脑缺那根弦。所以，当我有幸见识了这些有趣的派对后，除了持续惊叹，就只剩钦佩了。谢谢她们能够邀请我的女儿雷米参加她们的派对，这必然会是她童年记忆里一笔宝贵的财富。）

还有我妈。她一直是我的骄傲。就在我们家 4 个孩子分别上小学、初中、高中的时候，她竟然自己跑去上大学了，我们兄弟姐妹几个差点集体惊掉了下巴。她还是一名老师，而且显而易见，她是打心眼儿里喜欢这份职业，同时又非常适合干这行。据我所知，她很早就把梦想锁定在"老师"这一领域，并执着地追求着，不管那时对她来说这个梦想是否现实、是否容易、是否时机合适。她也曾经历过许多挫折，但最终得偿所愿。在我们家，从来就没有"放弃"二字。我要感谢我的妈妈，正是她那种看似随性的表率，让我有勇气追求人生的另一种可能，成为了一个非典型意义的好妈妈。

所以，不要再说什么自己没有天赋。我知道，很多人可能干着一份自己讨厌的工作，做着自己并不关心却习惯性去做的事，但这丝毫不妨碍你去思考自己究竟擅长做什么。好啦，你可能还是会说自己不确定，那有什么是周围人都说你很擅长的呢？**有什么工作是一提起它，人们就会和你联系在一起的呢？**试着去问问身边的人。有时候你不得不信，旁观者清，也许你的确是那块料。并且**在大多数情况下，如果你真心喜爱做一件事，是会从中赚到钱的。**

说说我自己吧。在我全部的生命里，我是那么那么地热爱写作，但你知道吗，我从来不敢想象它可能成为一份事业。我曾经做过小学老师，虽然那也是一份无比崇高的职业，但我就是不擅长，感觉自己像被困住了一样。后来我生完孩子一直赋

143

闲在家，一年又一年，直到我最小的孩子年满 2 岁，我告诉布兰登："根据我们的日程安排，今年夏天我们又该要个孩子了。但这次，我想要个不一样的。"于是，我写了自己人生的第一本书。要知道，一个三个孩子都不满 5 岁的孩儿他妈，却要写一本书，这怎么看都是一项疯狂之举，但**有时你就是需要扔掉所谓的逻辑，在自己的轨道上奔跑。**而身为妈妈这样做的一个意义还在于，我们向我们的孩子展示了人生的多样，或许在短时间内他们不会明白这些事情有什么用处，而总有一天，当他们面临抉择时，会从你身上得到力量的。

还有，你知道吗，曾经我一直觉得，爱搞怪、爱说笑是我急需摆脱掉的一种气质。因为这个性格，那些严肃的场合简直没有我的用武之地。更何况我不是个孩子了，总觉得自己应该试着去管理一些重要的东西，应该克制，应该变得严肃起来，为了爱。但你猜怎么着？现在我才明白，这世间所有的事基本都是上天已经安排好的，包括你身上的所有特质、偏好、小怪癖，还有一些经验、教训什么的，这些没有一样是该丢掉的。事实上，正是这些特质指明了你该走的方向，它们自有自己存在的价值，也必然会在你追逐梦想的征程上最终派上用场。

也许它们并不会带给你丰厚的薪水，但它们是你在这个世界上闪亮登场、秀出自我的方式。所以，勇敢去面对生活，并祝福这个世界吧。**你没有得到回报并不意味着你渺小、本事不大或一事无成。做你该做的就好了。**我们都是在边看边学，在这方面，做孩子与当妈妈没有两样。你正在让世界变得更美好、更进步、更有趣、更丰富，总之你让世界更好。好好善待你的天赋吧。（有些人甚至对最微不足道的事情都在付出最有意义的劳动，所以不要为了更高的薪水，轻易放弃自己的路。还有，偷偷告诉你，作为一个作家，我根本就不赚钱。）

作为一个独立的个体，走自己的路。

而作为一位爱孩子的妈妈，请让他们走自己的路，别担心他们会误入歧途，他们会在你的关切与宽容中找到自己的。

也许你需要对你或你孩子的天赋加以培养。上个培训班，参加一些研讨会，或者注册一个什么会员，把你们的小爱好经营起来，并不断地肯定它。找一位导师，别再削弱你们所擅长的，别再动不动就放弃自己，别再埋没你们的天赋，因为只有那正待苏醒的潜力，才是唯一能让恐惧屈服的力量。

记住，人生永远没有所谓的正确时机。或许你没有把握一定会成功，这的确有风险，而且或许还需要你、你身边的人做出牺牲，你也可能一路走得踉踉跄跄。但你只能一往无前，因为我们生而为人，就不是为了原地踏步，即便那样最安全、最熟悉、最有保障，可能永远不会跌倒、不会出错、不会厌烦。但我们，就是要不断向前奔跑、奔跑。

第15章

担心自己做得不够好，那接受它就好了啊

想起几星期前的我，坐在飞机上，啊不，是焦躁地坐在飞机上，因为我们全家参与录制的某亲子节目不久后就要开始录制了。可是，为什么越是倒计时了，我越紧张起来了。我的脑顶时不时冒出一个问号：要是后期制作出来的节目效果，和我们的真实生活完全迥异，怎么办？我们该不该接受那样的包装？我的粉丝会不会觉得很假？我会招黑吗？会成为八卦媒体下一个炮轰的对象吗？会不会有人吐槽我不踏踏实实写作非要跑出来抛头露面、瞎作什么呢？我们当初的选择到底是对是

错？观众看了会是什么反应？我的孩子们会怎么看我，他们一定会觉得我丢人的，我的天哪。

但很快，头脑里一个声音立马就蹦出来了：怕什么！你只管在节目里表现得自信、镇定就好了啊；采访的时候说话一定要小心，就按事先准备的小卡片一字一句地回答啊。一定要表现得轻松！活泼！千万不能让任何人看出你很矛盾，不要让你的孩子发现你的紧张，不要给网上攻击你的人留下话柄，你要塑造出一个无懈可击的妈妈形象，你已经没时间纠结啦，如果觉得自己的个人品牌面临危机，那掩饰掉就好了啊。别想那些有的没的了，已经晚了。

是的，没错，就这样。我凝视着窗外，开始构思几天后的发布会通稿。然而，5秒过后，一个清晰的念头突然砸向了我：

为什么不干脆说实话？

是呀！为什么不干脆说实话？说实话就好了啊！很简单。如果你怕粉丝看了你的节目粉转黑，那接受它就好了啊；如果你怕新的观众不喜欢你或是抨击你，那坦然面对就好了；你怕全国的人知道你并不是个完美妈妈，那就不完美好了。只要你觉得自己的决定是对的，那么哪怕你仍然有一些迟疑，那大方承认它就好了。这都是人之常情，即便有一大堆人看着你又怎样。

想到这，我的心里忽然如释重负，去他的完美亲子表演吧，我就是这样的一个妈妈。

不是我夸张（好吧，虽然我就是个很夸张的人），就在飞机降落的前一秒，"说实话就好"已经成了我新的人生箴言。你们能想象吗？一个完全可以自由自在说实话的世界，在那个世界，每个人面对事情，难就是难，不懂就是不懂，不再需要掩饰。在那里，无论遇到什么样的问题，如果不知道答案，只需要承认自己正在努力寻找；如果不同意别人的观点，也无需坐在那儿表现出很认同的样子。每个人都不必遮掩，而是很痛快地、把任何事情都摊在台面上，让它以原本面目示人，这种感觉一定很美好吧，连呼吸都透着一股自由的味道。

在成为妈妈后的很长一段时间里，我都不太确定自由是不是还属于我，我说的不仅是身体上的自由，更是精神上的。我对孩子说的每一句话都要经过深思熟虑，因为我很怕如果照着我的本心说，会对孩子有什么不好的影响。我甚至看了很多亲子对话技巧的文章，却还是不知道如何对孩子们的问题对答如流。

但现在，我真的觉得豁然开朗，让孩子们知道事情本身的样子，然后教会他们如何面对，才是最好的保护。同时，我也希望我的孩子们各个说真话，不要被外界的观点所负累，不要总担心自己哪里做得不对，当他们学会释放心灵的时候，才会体会到真的快乐。

所以，**我能献给这个世界最棒的礼物就是我的实话，至于它将造成什么样的后果，并不由我决定。**我并不对结果、意见、看法负责，风险控制也不是我该干的事。如果我起初捏造了一个并不是真实自我的版本出来，而后又不忍揭穿，而是继续编造下去，那就真的离失去自我不远了。我不能再扯这样的谎，你也不能。

人生有时是很复杂的，你知道吗，我自认有些决定做的是对的，但最后出来的结果，呵呵，还不是漏洞百出。但是自己选的路，无论遇到什么也必须要走完。还有，我虽然觉得，有些事如果不能当面解释，恐怕我永远也理解不了，但人生就是有很多你永远也搞不明白的事，我也只好听之任之。我希望生活越来越好，但它就是时不常地会出点乱子。有时我也会很犹豫，很矛盾，甚至经常改变主意；也会去想，为什么别人就能活得那样自信、无忧无虑，自己的生活却总是一团乱麻？为什么别的妈妈什么都会、什么都能搞定，我却总是感到自己的生活亮起红灯？

但你知道吗，我们之所以会有这种种想法，其实是很正常的事。**生活本来就是充满悔恨、混乱、不确定和巨大失败的一种折磨。** 撕开表象，你就会发现存在于所有人身上的真实人性。只不过，就像我说的，首先你得把表象撕开，不是每个人都愿意让你看到他们的真实。很多人可能明明处在脆弱的境地，却不愿意坦露这样的事实。为什么？因为他们内心有两只小恶魔，一个叫"耻辱"，一个叫"恐惧"。它们作恶的方式就是让人们都陷入阴谋论——我周围的人是丑陋的，他们可能在说我坏话，也可能不理解我。他们自我编造了一些最坏的情况，然后迫使自己相信。但你想听真相吗？

真相就是，**大部分人对别人脆弱的一面都非常尊重，并愿意伸出温柔的手来帮助对方，尤其当对象是那些爱我们、愿意与我们分担痛苦的人。** 就我而言，很多时候，如果你告诉了我真相，我便不会对你再有所隐瞒。因为对我来说你是可靠的，所以你也会获得我真实的一面。而且讲真的，有的时候，疲惫的我也需要你们的脆弱来让我安心一下啊，你们的真实一面很宝贵，它仿佛在对我说："我不会轻视你，不会随意评判你，更不会放弃你。"而恰恰是这种真实给了我勇气去面对恐惧，也给了我克服软弱的力量。

就像布伦·布朗在《勇敢无畏（Daring Greatly）》一书中说的：

勇敢无畏无关乎输赢，而是关于勇气。在一个被匮乏和耻辱占据的世界，恐惧已经成为人的第二本能，它让人不安，有时甚至是危险的……事实上，没有什么比置身生活之外却向里不停张望，始终纠结要不要鼓起勇气、要不要展现真实自我，不知道生活到底会变成什么样，更不安、更危险的事了。

即使会遇到讨厌的人也没关系，只要找到那个能让我们信任的人就好了，因为他们值得你长久地信任。至于其他人？呵呵，不要试图战胜仇敌，那是傻子才干的事。

所以，答应我，做个对别人敞开心扉的人好吗？对丈夫做个真实的妻子，对孩子做个真实的妈妈，对朋友做个真实的友人，别担心这会让想自己形象大跌，别管别人是不是也这样做，也别管讲真话是否有利于解决问题、找到答案。说真话确实会让人不舒服，因此做一个时刻讲真话的人会时刻感觉到紧张。但搞定窘境不是我们的责任。如果你身边有人选择走上寻找真相这条凶险之路，那么请你一定要站到他们的身边，告诉他们：我会以朋友的身份，一直陪伴你。如果你的孩子也想这样，那你更是要坚定不移地支持他们：就这么办，我会一直站在你们身后加油鼓劲！没错，我们不是神，但我们能做个更好的人陪伴在彼此身边。

另外不得不说的是，简单做人、大声说实话本身也是一种治疗手段，是最天然的疗伤方法。请牢记，**光明永远胜过黑暗。**当人们勇敢地说出那些最真实的、最困难的事情时，黑暗的力量已经被削弱了。所以你该做的，就是把那些困难之事从黑暗之中拉出来，送入光明。继续待在黑暗中，它们只会妨碍你，在你的意识里生根发芽，并阻断你的未来。它撕扯着你，毁灭你的人际关系，破坏你的精神信念，摧毁你的真实自我，经年累月地令你表里不一。**秘密只有在黑暗里才能野蛮而自由**

地疯长。

但是，如果你能把赖在地上哭哭啼啼打打闹闹就是不肯前进的真相，重新拉向光明，就会发现它并不像看上去那么可怕，也没有那么令人难以接受。相反，你会看到它可悲又可怜地摊在灯光下，慢慢枯萎，失去力量。你还会发现，**当你大声说出真相后，并没有人死掉，**相反，你身边善良的人们还会用他们善良的光辉照耀你，爱你，同情和理解你。此时，真相带来的痛苦就更加萎缩了。每一句"我就在这儿！""我一直都陪着你！""你并不孤单！"都会令真相带来的痛苦渐渐减弱、不那么难熬。直至最终你能够毫无秘密地完全暴露在阳光下，毫无畏惧，这就是真相的魔力。

看吧，虽然黑暗苦苦相逼，却从不曾摧毁你。或许它也曾将你打倒，但看看你：你从未被摧毁。你望着光明，依然挺立。只要你还在呼吸，就有希望。

所以，无论我们身为妈妈也好，身为妻子也好，或者是身为女人、身为员工等其他身份，如果觉得左右为难，那就选择说出真相就好，因为它会令我们重获自由。这会是连锁反应中的第一块多米诺骨牌。如果我们可以在小事情上讲真话，那么我们诚信的品质就会得到及时地练习，当更狂暴的风雨来袭时，我们也必然能扛得住。

让光明把真相一个个挖出，让黑暗无处可藏。这是我们给这个世界、给我们的孩子最好的礼物。

第16章

一段关系维系得那么痛苦，你确定不是你自找的？

我有位邻居，曾经哭着跟我倾诉她和自己儿子越来越冷淡，那个下午我用了三个小时听她的故事，却越听越不对劲，因为她一直在说自己为孩子付出了多少，而孩子却对她态度越来越恶劣。"付出才有回报"难道不是真理吗？但看来，有时候这一条却并不适用，尤其是在亲子关系里。

没有哪个妈妈会觉得自己为孩子付出是不应该的，正相反，我们总是担心自己给的少。可一个不可辩驳的事实就是，当我们习惯了对孩子付出所有时，有的孩子却越变越糟了，他们开始拼命索取，稍微哪一点不如意，就大发霆霆，而妈妈们则满心吃惊地想："难道我还有哪里做得不够吗？"

我也曾经被这样的亲子关系所困，后来我慢慢悟出了一个道理：无条件付出并不是正确的，我们可以不要求孩子回报，但是却必须教会他们感恩。必须让他们明白，父母为他们做的一切，也是付出了很多辛苦，他们为此理应给予一份尊重——可以不理解，可以有分歧，但是你们这帮小鬼，说话都给我客气点。

说白了，即便是付出时最有理由义无反顾的亲子关系，有时候也必须予以克制，平淡些甚至冷冽点。亲子关系尚且如此，其他关系也是一样。

我已经四十岁了，现在越来越发现活久了的最大好处就是：学会了享受平淡。早年间，我也蛮能容忍那种夸张的、特别折腾人的关系，但如今，那样的关系，呵呵，我淘汰得已经差不多了。讲真的，我不小了，每天早上起来费劲巴拉地把自己塞进牛仔裤里已经够折腾了，再没什么闲工夫去玩小心眼啊斗小心思什么的。当然，我也有些朋友，他们在红红火火的冲突和折腾中依然能活得朝气蓬勃，但我呢？抱歉，完全不行。

是的，每个人的人生都会有一些戏剧性的时刻，每个人遇见这样的时刻都会想在"疯狂座椅"上转上一转。一旦你坐上去呼吸到那种空气，就会不时地感受到危机，可能是对公开的演讲患得患失，可能是担心时间就这么流失。（比如去年，有段时间，我的新书刚发布，录制的一档节目也正好上映，我还去了 2 次非洲旅行，我最好的朋友说："珍，我再也不想听你跟我抱怨自己压力有多大这件事了，一个字都不想！"但我永远是那句："哎呀，人家只是有很多感受想要抒发一下嘛！"）

但接下来，我要用一张严肃的面孔来讨论讨论另外两类情况啦。**第一类，是那些长期处于索取中的人，他们靠的就是不断制造冲突来博取关注。**并且，他们博关注的行为不是阶段性的，而是长期且具有强迫性的。如果本身没什么可抱怨的，他们一定会制造一些问题出来。和这种人交往，你会发现永远是那个人在制造所有的问题，而你却很少能得到互惠的照顾。永远以他们为中心，永远那么戏剧化，永远。

而另一类关系，则属于你被别人死死抓住软肋的情况。不管对方是蓄意的还是被迫的，你总能从他们那里受到不断的羞辱，或感觉内疚。可能他们只是没有安全感，伍姑娘们，听我说，如果你感觉某一段"友情"始终就像在讨价还价，那么是时候该重新评估一下这段关系了。这一点儿也不复杂，**朋友就应该是朋友的样子，而不是一个评论家、愤青、长舌妇、鸡婆、疑心病患者，更有甚者对你怀恨在心。**

如果你正在遭受上面这两类人的折磨，那我只能送你三个字——**自找的。**我们没有义务忍受或允许这些有毒的关系存在。很多时候，是我们自己主动选择了这种关系，并选择了以自己能力根本不具备的救世主的姿态出现，而忽略了人与人之间最基本的界限。当有人问说："谁能帮帮她？"我们第一时间就站出来了，可与此同时，我们的心智却远没有成熟。对方可能一直继续着毒害我们的模式，而我们却始终陷在沮丧、怨恨和疲惫的泥沼中。

听着，亲爱的，你身边任何人的精神健康都不应该由你负责，你也无需迁就别人固执的行为。没有人有义务永远默默地忍受一个不健康的朋友。把时间浪费在这样一个具有破坏性行

159

为的人身上，是不可靠的，也没有结果。每个人的时间和精力都有限，我们必须妥善管理好它们。

当然，你可以选择继续留下来上这一课，也可以选择果断走开。

但我始终认为，当你发现一切努力都变得徒劳时，就该做出改变了。对于这种关系，**你以为你给的是解药，其实是毒药。**不要傻傻地期待它能就此变好、变健康。某种情况下，**毒药就是毒药，只有靠理智才能彻底戒掉。**试问：你把自己全部的时间和精力都花在这样一件事上到底有多值？当然，也不排除它有通过努力而变好的可能性，所以有时你会很想要试试，觉得这么快下结论或许太早了。但是，当你耗费了血泪和汗水后发现，留给你的仍是一段不健康的关系，当你的付出看不到任何回报，当噩梦般的关系依然肆虐时，最安全的做法就是扭头就走。

可悲的是，我们似乎丧失了评判一段关系是否值得花时间去维系的能力。我们的文化也不重视强调个人的安全界限。我们会批评那些离开、退出、划清界限、突然叫停的做法。无论遇到什么事，都认为理应坚持，理应委屈自己不断地去适应。但是，当**我们被困在一段有毒的关系中，我们身上的一切温柔和友善都将被杀死，而一个袖手旁观的世界是看不到这些自私暴力的行为的。**

不健康的关系可以摧毁我们的希望、乐观和温柔。我们会失去心灵，失去方向，把无尽的能量灌注到无底的深渊。在你的精神被摧毁之前，赶快走开吧。**有时候，最需要勇气的事是停止一场永远不可能赢的战斗。**

我曾经有过一段很有害的关系，发生在几年前。它虽然总体上看属于第一类，但也充满着控制、羞辱和欺负。这段关系最终当然是碎成渣渣，而我那整整一年也被搞得极度抑郁，感觉自己再也不会去宽恕和善待别人了。后来我花了好几年才把当年中的毒彻底排出。现在想想，那时就是执念太深，明明已经伤痕累累，却依然愤世嫉俗地与那个我完全无法撼动的世界苦苦抗争。我真傻啊，明明早就该收手了啊。

说到这儿，还有一种更具挑战性的情况，就是当这些难以相处的人，正好是你不得不面对、也逃避不了的人，例如你的老板、丈母娘／婆婆、隔壁邻居、同事、爱人、孩子等。就如这一章开头我讲到的那段互相抱怨的母子，我们与这些人的关系处理起来要更复杂，难度更大，维护成本也更高，但又不得不维系。怎么办？

听我的，感恩是一个不错的开始，尤其是作为妈妈们，我们必须教会孩子感恩，这跟教会他们用刀叉、自己洗衣服一样重要。这里所说的感恩，不是指那种肤浅的、表面化的、感情用事的言行，而是指一种坚韧的、深刻的行为。一段困难的关系若想得到长久的维持，感恩必然是前提。**最棘手的人恰恰就是棘手的原因。**恶劣的行为自然不配得到原谅，但如果我们能对一点小小的伤害予以谅解，或是将受伤的一部分隐藏起来，那么麻烦自然也会得到一些缓冲。这并不意味施暴者就可以肆意妄为，只是说，如果有些关系我们不得不去面对，那么同情心的确能帮我们走下去。

比如当我们站在母亲的角度，不妨好好想想，能触动这个孩子的点是什么？他这种行为背后的真正原因是什么？他是否曾被不公正地对待过？他是否有过挣扎，是不是也很伤心？是什么让他害怕？他害怕失去什么？他试图阻止什么？发生了什

么令他受挫的事，为什么？他在抗争什么？什么方法每次都事
与愿违？还有别的选择吗？有什么办法可以避免痛苦？

当我们想明白了这些问题，也就找到了与孩子相处的平和
之道。

生活一地鸡毛，如何深爱一个人？ 这可真是个问题。

显然，你永远无法把一个人安置妥当。因为你不是治疗
师，你只是一个拥有敏锐洞察力和辨别力的妈妈、妻子、朋友
等等，而已。生活是残酷的，直面生活对某些人来说就是要比
其他人更难。我们可以令这段旅程更艰难或更容易，可以用感
恩的心令这条路更平坦，也可以设置更多障碍令它更崎岖。此
刻停留在你面前的这个人，不论他存在于可预见的将来，还是
永远，都是你身边不可或缺的存在。因此，你需要践行自己的
同情心，避免行为失当。

我的孩子里就有这么一个，与他相处极富挑战性。他天生
敏感，在他那里，所有感情都是强烈的：大怒大悲，大喜大
忧，一切都能引起巨大的反应。这种敏感性格有美好之处，也
有缺点。对于大多数孩子来说一个很普通的场景，对于他却能

生出许多情愫，生活经常因此充满戏剧化。所以对于这类孩子，你不能太强硬，如果想要扩大你的话语权，那就先学会闭嘴。孩子们需要时间和距离，强迫他们是没用的。给他们20分钟的独处机会很重要。我始终认为，不用打骂的方式，我们依然可以教育好子女，树立起良好的纪律规范。在这一点上，我和布兰登从来都不会轻言放弃，我们只考虑什么能真正触动孩子并加速解决问题。

当我们面临多种选择的时候，就选那个相对成熟的，也有利于事情促成的方法。保罗有一句话，我经常牢记于心："**如果可能的话，与身边的每个人和平相处，至于在多大程度上做到，因人而异。**"如果能创造更多平和的际遇，如果一个相似的结果会有不同的意义，如果好意能以多种方式体现，那就应该这样干。这些就像铺路的石子，一个又一个地积累，就能铺成一条通往健康关系的石阶，让事情有一个美好的结局。

接下来，我们再来谈谈底线的问题，因为太多人跟我说过类似的话："我一次次降低底线宽容了对方，可他却得寸进尺，这是为什么？"为什么？就是因为你任由你的同情心大泛滥啊。同情心开启了你心中最柔软的那块地方，而"守住底线"

则会让你远离因同情心泛滥所造成的糟糕局面。**伤口本身是无辜的，但它有可能会被感染，然后导致全身溃烂。**因此伤口必须要先愈合。直面伤口比假装它已经愈合了要好，虽然在伤口愈合之前，这种办法可能更痛，但它却是正确的治疗方法。

什么是"守住底线"？就是你生而为人应该拥有的最基本的尊重。你不应该受到贬低、鄙视、嘲笑或羞辱。你必须以你为中心，而不要以他人为中心。如果有人持续冒犯你，那么你该做的不是改变对方，而是明确表明你不会一直迁就于他。拿教育孩子这件事来打比方吧。

不懂"守住底线"的人会这样对孩子说："你别疯了似地对我大吼大叫！"

而好的方式则是："你可以生气，不过你最好回你自己的房间里去生气。而且，如果你摔碎了什么东西，你必须负责把它恢复原状。等你冷静下来我再来找你谈。"（就这样果断地结束，不要带有任何恳求或讨价还价的情绪和语气。）

不懂"守住底线"的人会这样说："我都跟你说了5次叫你去洗衣服！我说话你到底有没有在听！"

而好的方式则是："现在就去把衣服洗了。不把它们全部洗完、叠好、收起来，就不准看电视。我不希望重复说第二遍。"（别怕孩子不听话，也不要想象他们会有多么气愤的反应，你只是简单地想把洗衣服这活儿赶快分配下去而已。）

　　这样，慢慢地，他们就会明白各自的职责所在。如果一个难搞的人冲着你尖叫、大闹，你却还是一直随声附和，那他们怎么可能主动平静下来？**如果你妈妈一直数落你乱花钱，可你还是在买什么之前都主动跟她透露的话，我觉得你这就是作，自找的。**如果你的老板当着你同事的面排挤你，而你的回应却是"我会更加努力"的话，那你干脆就别废话了，真的去继续努力吧。

　　当不良行为的影响对冒犯者比对被冒犯者后果更严重的话，才会促成精神上的真正成熟，这就是种因得果的道理。自然规律有时就是这样一位不可思议的老师。

　　人们往往自掘坟墓。本来是期待和谐，却被迫承载了各种虐待，收获的是别人种下的苦果，最后只会站在那里一脸震惊，束手无策。而且很多时候，我们总是把保持和平放在首位，轻易不去选择对抗的方式，结果导致了更多的痛苦。所以记住，允许别人伤害你不是一种仁慈。

在某种程度上，**人们会根据你所展现的样子来决定怎么对待你。**想想那些喜欢霸凌的人，他们对强硬的人从来不会再去招惹，而是转移目标到下一个更弱的对象上。一旦你选择反击，他们就会开始计算得失。当人们被迫去尝自己种下的苦果时，他们才能学会合理地调配利益，健康的关系才能基于此养成。

你完全有从这种有毒关系中抽身出来的自由。但是切记：要把握分寸，不要枪打笑脸人，那样只会令你受挫。**优雅地离开，带着你的高贵、自尊和宝贵的人性，从今天开始，度过骄傲的一生。**你不需要获得别人的认可，那不是什么终极检测。你永远不会为自己曾经仁慈而后悔，只会后悔自己曾经拆了一座未来可能会需要的桥。

如果你在追求一段和谐关系的路途上总是屡屡失败，如果你的所有关系都处于一种混乱状态，如果你身边充斥着白痴，没有一个正常人的话……嗯，我只能说，就像那句电影里的台词说的，"也许是你自己的问题"。亲爱的，我们没有皇冠，但即便这样，头也不要轻易就低。

第 17 章

我们成为妈妈的目的，是爱而不是伤害

在我成为妈妈后，我觉得自己的某项技能被开发出来了——博爱的力量。很多妈妈和我一样，因为有了自己的孩子，而更关注全世界的孩子，也是从那时候起，我开始关注和孩子相关的慈善事业。

在这个过程中，我和布兰登曾经接触过一些埃塞俄比亚当地的非营利性机构，也和其中一位负责人有过一次很受启发的交谈。他告诉我们，有一个西方组织，怀着渴望做慈善和急切想要把这个组织国际化的初衷（很性感吧，哈？），找到了他，并在某年夏天走访了他们当地的"儿童之家"。

看似一切都很合拍，但这位负责人告诉我们，该组织长期以来都不重视当地政府的专业度、文化直觉和权威，也对异国文化缺乏倾听、学习和谦卑的态度。因此，每年 7 月，他们都只是带着一项固定的任务来——粉刷"儿童之家"。而为了让这些美国人有事情可做，为了让他们觉得自己每年的这趟"慈善之旅"很有意义，在他们到达之前，这里的孩子们都会故意把干净的墙划破、弄脏。

当慈善变成一场作秀，到底是谁的悲哀？

我亲爱的读者，尤其是那些热衷公益事业的亲爱的妈妈们，我想说，除了刷墙这样做做样子却毫无意义的事，我们可以做的当然还有很多！现在，我诚挚地邀请你们，一起加入讨论这个话题，因为我们在这个世界行走的目的，是帮助而不是伤害，正因我们是妈妈，所以所有与爱有关的事，我们都必须知道得比别人更多、更透彻。知道如何让你的帮助落到实处，是需要我们和受助方进行复杂磨合的。善意的出发点几乎是必然，动机不是问题，关键是方式方法——我们需要对本土文化、当地影响和长期可持续性表达应有的尊重，也需要有一个良好的发问和谦虚的自省态度，这样我们的慈善行为才会更有意义。

要知道，穷人固然贫穷，但并不意味着他们是没有自理能力、愚昧的傻瓜，相反，他们很机智、适应性很强。任何以为只要单纯地对他们示以怜悯，认为他们很好摆布的错误想法都要完全根除。**我们不是为了作秀，不是为了摆拍，而是要踏踏实实地与人打交道。**

每一次施以援助，我们都应该首先与当地的负责人、当地的家庭、当地部门交谈，站在当地的角度进行讨教。您能跟我们说说你们的历史吗？你们克服了哪些困难？还在与哪些问题进行斗争？您是怎么领导大家的？做了哪些工作？哪些失败了？你们对未来发展的愿景是什么？还有谁能主持好这项工作呢？你们与政府的关系如何？在这里有哪些制度曾被破坏过？您现在最需要的是什么？要达到这个目标，您最大的动力是什么？就您现在做的这些，我们能帮上什么忙？我们怎样才能最好地服务于你们？有没有什么"帮助"实际上对你们造成了伤害？我们如何才能避免？换句话说，我们这些远道而来的客人能否与你们更好地合作？

事实上就我知道的，很多人都是不带脑子地去参加一些短期支援之旅。

比如，邀请一个能负担得起路费的朋友一起去一个贫穷国家或地区；筹集物资并运过去（而不是去当地采购以刺激他们的经济）；定制文化衫，例如"心中有善、嘴里有饭"；给没有劳动技能的人开放一些实践或就业机会（譬如找 25 个少年来刷我家的房子，或搭个什么小庭院出来，而不是雇用一个经验丰富的本地包工头儿）；把一些莫名的愿景和负担加诸于地方负责人的头上，就好像他们应该负起这种责任一样；最后，怀着矛盾而又感恩的心情回家，然后把脸谱网上的头像换成和一个难民小孩的合影。

好吧。其实我过去也曾参加，甚至主导过这种模式的扶贫之旅。我现在很后悔，所以打算以更谦卑的姿态重新面对。我来说说这样做所造成的一些负面影响吧。首先，它很容易发生这样的情况，就是把对志愿队伍有利的事吹嘘和夸大成对贫困社区有益的事。有时候确实是这样，即便我们自认为已经为当地服务得很好了。当然，我们确实带着感动回家了（这种心情至少能持续一两个月），但又能怎样呢？达到什么目的了吗？如果我们那种只图"在贫困地区现身一下"的念头，超越了保持谦虚恭敬的态度做具有战略性意义工作的信念，那说白了，我们就只是个精致的利己主义者而已。

穷人也不傻呀。他们知道自己什么时候会成为一次教训的牺牲品，甚至是在不经意间。是的，有钱人会"从这里学到很多"，但是穷人又能从这里学到些什么呢？是终于明白我们这些人没有活在他们那么不堪的地方是多么幸运吗？还是意识到我们之所以能搞定这些事情，仅仅是因为他们自己没有能力做到？说真的，**很多时候，贫穷的人都是因为太有礼貌、太恭敬，所以才从未揭穿我们这群很享受这趟旅行的人们。**

当我们将我们的生活方式与他们的生活方式进行比较时，他们也会把他们的与我们的进行比较，并迅速得出结论。他们当然能够识别出富人那种，喜欢把所谓的"爱"播撒到穷人身上的快感。所以，我们千万不能将这作为导向，不能用别人的悲伤来强化我们的喜悦，即便是无心的。我们当然要与自己的特权和放纵作斗争，但不能以牺牲另一个灵魂为代价，做这种事是完全没有尊严的。这等于是用你的自豪、傲慢去撕开他们的痛楚，剥夺他们的主导权。这会对他们造成负担，让他们形成依赖心，导致整个人陷入羞辱之中。

那么，一次好的善行之旅应该是什么样的呢？

它应该由当地负责人、具有国际视野的本地人，或者甚至是我们自己城市中的贫民去牵头。我们应当和生活在那里的人一起携手，以谦卑的学习者和外来者的心态对待他们的文化、历史、体系和实践。我们应该学会倾听、学会尊重，这是我们首先要做的。让我们删除所有先入为主的观念吧，就是那些什么帮助、服务之类的。拜托，别再给自己脸上贴金了。

在这个社会中，我们确实看到了某些系统性问题。我们看到了它们的根源、破碎的结构和糟糕的社会问题，如暴力和正义的缺乏，贫困的孤儿，受虐待的妇女和儿童，经济权利被剥夺，环境恶化，教育不公，产妇的健康、营养及就医问题等。我们应当倾听地方负责人讲述他们所采取的长期可持续的解决方案，带着谦虚的态度参加讨论，当然啦，既可以是站在国际视角的，也可以是站在国内视角的。（美国的中产阶级和上层阶级与本国穷人的境遇有着惊人的割裂。）

作为一名没有接受过培训、没有经验的局外人，我们必须与那些全身心投入到社区服务当中的本地人同呼吸共命运地工作。我们需要信任这些本地专家。扶贫之旅在人力和财力上其实都非常昂贵，花这么多钱飞到地球的另一端只为了完成一场木偶表演吗？太不值了。有长期影响力、有能力的地方负责人，对于他们社区的发展是至关重要的。我们应该对他们这方面的资质和他们的发展愿景示以尊敬，包括他们短期和长期的发展目标、可量化的结果以及培训方案。

如果你想要去救助一个贫困地区，那么这种救助就应该是长期的（紧急救济除外）。**我们不能随随便便吹个牛皮最后吹爆了就不管了，也不要自己凭空想出一种旅行，然后随便找些意义赋予其上。如果我们要去，就要准备好怎么回来。**如何保证当地社区的长期健康发展，如何保护他们的尊严，是我们优先要考虑的，为了实现这个目标，一段严肃的关系至关重要。我曾经服务过海地的一个非营利组织，那里的一位负责人曾说："地震过后，数以百计的慈善团体带着承诺和保证蜂拥来看我们，到现在几乎没有一个再回来过。"

所以如果你真的想要有所善行，那就不能只是修一条路就完了，我们接触的是人，不是冰冷的项目。带着你的使命投入你全部的热情吧。与他们交换你的名字、电话号码、邮箱地址、照片和信件，并且兑现你做出的所有承诺。长期支持地方

174

的负责人，认可他们的权威，因为地方的发展是不断向前的，它需要不断地获得反馈和评估。而除了尊重、合作和忠诚，你什么都不该带给人家。

记住，穷人有的是能力和智慧，也很务实，所以，给他们应有的尊重。不要有任何恩人的姿态，也不要有一丝可怜别人的念头，因为它夺走了你的人性。

有一次，我和一位资助了一位贫困孩子的女性聊天，她对于是不是应该去和对方见面有些犹豫，我告诉她：你想见见你资助的那个孩子吗？去吧。但千万不要仅仅把它当作一次随便的短期旅行，而是要抱着去拜访你心爱的孩子及其家庭的诚心。他们的墙上贴着你的照片和信件，你对他们而言非常珍贵。带上你的孩子，给他看你珍藏的来往信件，那对你的孩子而言，是一份不可多得的财富。

别担心这会给你的生活带来什么影响，更不要担心这是没有意义的。我们必须学会爱，并学会表达自己的爱，然后让这爱的能力延续下去，在我们的孩子身上继续发光，只因为，我们是妈妈，这是我们对自己、也是对这个世界的责任。

结 束 语

　　前面的文字里，我可能已经提到过我在家里养了鸡。其实，不夸张地说，我现在多少也算是位养鸡高手。对于养鸡这件事，我绝对称得上颇有心得。说出来你或许不信，鸡和别的宠物可不一样，它们有趣得多。

　　每天早上，我打开鸡舍的门，它们就像短跑运动员一样冲出来，然后自由自在地游逛一整天。它们每一只都很有个性，尤其是其中有三只鸡，每天都过得特别自由散漫，一个不留神，它们就会从鸡舍门缝里挤出去，游荡到我邻居家的院子里。但那只是它们旅途的第一站，有的时候，它们竟然就这么扭着扭着，就晃荡到另一个街区去了。

我常常叫这三只鸡"傻大胆"，因为在另外那个街区，有很多凶猛的食肉动物，而它们之前死去的姐妹是肯定不可能开口告诫它们的。至于其他的鸡，则和前面这三只表现出了截然不同的风格，它们在我家的院子里自己制定出了一条精准、固定的散步路线。我们那块地有整整一英亩大，但它们只守在南边栅栏一带。有一只鸡经常喜欢跳到我家汽车的顶蓬上、露天桌子上、冷柜上和蹦床上，我的院子就是它的珠穆朗玛峰。

但无论所有的这些鸡白天去哪儿散步，只要太阳一落山，它们就会非常自觉地回到鸡舍里，或跨越街区长途跋涉，或是仅仅从院子的那边走到这边，但它们最终都会紧紧地挤在一起。那感觉，就像是各自结束了一天的历险，它们回到家里，然后依偎在一起卿卿我我，睡一觉，明天又是新的一天。（如果你预感到接下来我会把女人比作我的这些鸡的话，那么恭喜你，答对了！）

毫无疑问，跟它们一样，我们每天也会展开各自的历险。

一些人活在"安全"的院子里，一些则不断挑战界线外的刺激，走出家门去不同的领域探险。而当太阳落山，我们又都赶回那栋熟悉的屋子，恢复成一样的身份——妈妈。

是的，夜幕降临时，白天的种种不同经历渐渐隐去，我们都是坐在孩子床边说着"晚安"的妈妈。"妈妈"这个身份，或许是我们一早挣扎着爬起来的动力，是我们守在屋子里打扫巡视或跑出去冒险挑战的理由，也是我们所有担心的出处，而同时，"妈妈"这个身份，也是我们每天的归宿，是心底最深的惦念，和热爱这个世界的原因。

希望你能享受其中。